DE RELATIONE INTER EPISCOPATUM ET PRIMATUM

*Principia philosophica et theologica
quibus relatio iuridica fundatur
inter officium episcopale et primatiale*

Auctore

WILHELMO BERTRAMS S. J.

professore iuris canonici et philosophiae iuris
in facultate iuris canonici
Pontificiae Universitatis Gregorianae

ROMA
LIBRERIA EDITRICE DELL'UNIVERSITÀ GREGORIANA
1963

Imprimi potest: Romae, die 2 martii 1963
P. MUÑOZ-VEGA, S.I., *Rector Pont. Univ. Gregorianae*

Imprimatur: e Vicariatu Urbis, die 13 Martii 1963
✠ ALOYSIUS TRAGLIA, *Card. Provicarius*

Tip. della Pontificia Università Gregoriana - Roma

PRAEFATIO

Hoc opusculum constituit alteram editionem studii, quod publicatum fuit tempore praeparationis Concilii Oecumenici Vaticani II. (mense ianuarii 1962 in: Periodica de re morali canonica liturgica, 51, 1962, 3-29). Auctor libenter admittens consilium sibi datum creandi opportunitatem, ut hoc studium ad plures lectores pervenire possit, hanc novam editionem paravit non tantum recensitam, sed etiam ulterius elaboratam et auctam. Opusculum in lucem editur inter primam et secundam periodum sessionum Concilii Oecumenici Vaticani II., quod quaestiones internam structuram Ecclesiae spectantes principaliter tractandas habet.

Romae, festo Purificationis B. M. V., die 2. mensis februarii 1963.

WILHELMUS BERTRAMS S. J.

INDEX

Praefatio 5
Introductio 9

Pars Prima
DE SOCIALITATE HUMANA

1. De structura interna et externa socialitatis humanae 11
    Homo - persona 11
    Iura fundamentalia et institutiones iuridicae . 14
    Associatio indolis organisatoriae 17
    Constitutio iurium per activitatem iuridicam . 19
2. De structura interna et externa socialitatis humanae supernaturaliter elevatae necnon Ecclesiae 23
    Personalitas et iura fundamentalia ordinis supernaturalis 23
    Bonum supernaturale Ecclesiae concreditum . 30
    Ecclesia associatio indolis organisatoriae . . 34
    Bonum supernaturale Ecclesiae concreditum institutionaliter 36
    Influxus Ecclesiae in activitatem iuridicam baptizatorum 40
    Conclusiones 47

Pars Secunda
DE STRUCTURA METAPHYSICA OFFICII EPISCOPALIS

1. Praenotanda historica quoad collationem officii episcopalis 52

2. De substantia officii episcopalis eiusque efficacitate 58
3. De necessaria recognitione Episcopi ex parte Romani Pontificis 69
4. De variis statibus iuridicis Episcopi valide consecrati 74
5. De facultatibus officium episcopale iure divino constituentibus 77
6. De officio episcopali regendi in Ecclesia collegialiter exercendo 79
7. De officio episcopali Patriarchae, Primatis, Metropolitae 82
8. Solutio difficultatum 84
   De origine historica interventus Romani Pontificis in institutione Episcoporum . . . 84
   De separabilitate potestatis iurisdictionis ab officio episcopali sacramentaliter conferendo 87
Conclusiones 94

NOTAE: Introductio 99
        Pars Prima 100
        Pars Secunda 116

INTRODUCTIO

Agimus in hoc studio de relatione officii episcopalis ad officium primatiale. Supponimus illa, quae ex fontibus positivis constant et iure vigente habentur, scilicet: « Episcopi sunt Apostolorum successores atque ex divina institutione peculiaribus ecclesiis praeficiuntur quas cum potestate ordinaria regunt sub auctoritate Romani Pontificis » (can. 329). Supponimus igitur officium episcopale esse iuris divini, altera ex parte Episcopum potestatem iurisdictionis ordinariam non habere nisi mediante Romano Pontifice, nam « cuilibet ad episcopatum promovendo, etiam electo, praesentato vel designato a civili quoque Gubernio, necessaria est canonica provisio seu institutio, qua Episcopus vacantis dioecesis constituitur, quaeque ab uno Romano Pontifice datur » (can. 332 § 1)[1].

Non ignoramus vincula inter Episcopos et Summum Pontificem non esse tantum ordinis socialis; multo minus haec vincula sunt ordinis socialis tantum externi. Vere, haec vincula imprimis constituuntur caritate Christi Domini; in aedificationem Corporis Christi, quod est Ecclesia (Col. 1, 18), ordinantur; sacramentaliter nempe constituuntur et sustinentur. Sacramenta autem Ecclesiae sunt concredita. Vere, omnia talia ligamina conveniunt ad relationem inter Episcopos et Summum Pontificem constituendam; haec relatio autem in Ecclesia, utpote societate supernaturali, sed vere humana, necessario notis externis et iuridicis exprimitur et definitur.

Hisce suppositis de hac tantum quaestione speculativa agimus: Quid officio episcopali deest deficiente missione canonica ex parte Romani Pontificis, de qua in can. 109 seu deficiente institutione canonica, de qua in can. 332 § 1? Qualis est structura metaphysico-iuridica officii episcopalis, prouti hoc officium iure divino constituitur et qua tale, scilicet divinitus constitutum, in subiecto habetur? Quae sunt principia metaphysicae socialis et theologiae sacramentalis-ecclesiologicae, quibus fundatur relatio officii episcopalis ad officium primatiale?

Solutio quaestionis habetur in ipsa structura socialitatis humanae necnon socialitatis humanae in ordine concreto salutis supernaturaliter elevatae et ad finem supernaturalem ordinatae. Ea de causa hic colligimus principia et conclusiones, quae hac de re alibi [2] iam proposuimus; breviter hic exponuntur, in quantum momentum habent pro solutione quaestionis indicatae (pars I.). Deinde haec principia et conclusiones applicantur ad dilucidandam structuram officii episcopalis eiusque relationem ad officium primatiale (pars II.).

PARS PRIMA

DE SOCIALITATE HUMANA

1. DE STRUCTURA INTERNA ET EXTERNA SOCIALITATIS HUMANAE.

Homo - Persona

Homo qua persona constituit naturae spiritualis totalitatem ontologicam et intentionalem, quatenus in se subsistit et seipsum etiam possidet ratione dominii intentionalis actuum suorum: Persona est summum in ratione entis et boni. Revera natura spiritualis ordinatur ad omne verum et omne bonum, ideoque directe ordinatur ad verum et bonum infinitum, id est ad ipsum Deum. Haec tamen ordinatio ad verum et bonum infinitum actuatur actibus indefinite multis, quia natura spiritualis finita ad verum et bonum infinitum est in potentia, totalitatem constituit virtualiter; immo natura humana qua spiritualis corpori substantialiter unita in spatio et tempore ad propriam perfectionem pervenit, id est motu successivo seu historiam habens transcendit seipsam et bonitatem obiectivam in universo contentam sibi acquirit [1]. Notandum itaque est bona humana proprie dicta habere esse intentionale, quod homini est internum, id est ontologice ani-

De socialitate humana

mae inhaeret tamquam realitas accidentalis; hac ratione bona humana homini praebent perfectionem sibi propriam, id est personalem.

Actuatio propriae personalitatis creat relationes sociales; socialitas humana in hominis personalitate fundatur. Natura humana itaque est essentialiter socialis. Quia homo componitur anima et corpore tamquam partibus essentialibus constitutivis, ea de causa socialitas humana necessitate metaphysica constituitur elemento interno et externo tamquam partibus essentialibus.

Structura interna socialitatis [2] humanae constituitur bonis humanis communibus, quatenus actuatio horum bonorum est finis internus vitae socialis. Centrum enim vitae socialis est et manet semper homo tamquam persona, tamquam subiectum agens; homo perfectionem personalem intendit inter homines coexistentes. Homines ad invicem ordinantur, quatenus qua personae sibi debent reciprocam recognitionem, reverentiam, favorem, necnon quatenus fiant omnes illae communicationes conducentes ad perfectionem personalem obtinendam [3]. Tales communicationes personales reciprocae tamquam medium habent — dum persona ipsa est incommunicabilis — bonum humanum in eius latitudine indefinita seu omnia illa bona, quae « humanitatem » constituunt, id est quae homini perfectionem personalem praebent, scilicet bona culturae, civilisationis, oeconomiae etc. Proinde personae

De structura socialitatis humanae

reciproca intentionalitate feruntur ad perfectionem personalem obtinendam propriam et aliorum; bona humana actuanda internam, id est intentionalem coordinationem personarum efficiunt [4], in qua formaliter socialitas humana consistit: Structura interna socialitatis humanae ordinatione intentionali personarum ad varia bona humana (personis) communia constituitur, quatenus haec bona humana communia unitatem constituunt eo, quod ad personalitatem evolvendam ordinantur. Haec bona humana sunt vere communia, quia solidaritate metaphysica, scilicet ligatione communi intentionali omnium actuanda sunt.

Haec coordinatio interna personarum libertatem personalem includit ad bona humana actuanda, id est habetur in homine facultas moralis actuandi bona humana [5]. Proinde structura interna vitae socialis consistit in bonis humanis communibus, quatenus haec obiectum constituunt talis facultatis moralis omniumque relationum intentionalium inter homines coexistentes.

Iamvero haec structura interna socialitatis actuanda est in vita sociali externa. Homines enim mere interne communicare non possunt. Homo componitur anima et corpore, quae unionem substantialem constituunt; corpore homo ponitur in spatio et tempore. Activitas specifice humana est itaque activitas spiritualis, intentionalis, quae in corpore et per corpus exprimitur et manifestatur ad extra, et ita causalitatem pleno sensu humanam exercet [6]. Hoc elementum externum est igitur elementum essentiale, necessitate metaphysica requisitum ad socialitatem humanam constituendam ipsamque efficacem reddendam in spatio et tempore, id est inter homines coexistentes.

Requiritur igitur ordo externus seu organisatio, qua relationes intentionales inter homines exprimuntur et manifestantur modo externo. Deficiente hoc ordine relationes sociales fini, propter quem habentur, inservire non possent. Habetur igitur in tali ordine externo seu organisatione structura externa vitae socialis [7]. *Structura externa* socialitatis est structurae internae externa efformatio; in structura externa structura interna ad extra traducitur; structura interna structuram externam determinat. Non potest igitur structura externa structuram internam determinare, negligere aut mutare; nam « hoc per impossibile diceret rationem organisandi ut talem id determinare, quod ut organisandum iam ex conceptu suo praecedat, nempe structura interna socialis vitae cum obiectivis ' bonis communibus ' (persona cum valoribus culturae et religionis) » [8].

Iura fundamentalia et institutiones iuridicae

Facultas moralis actuandi bona humana, quatenus haec est facultas agendi externe, facultas in vita sociali ut actuanda constituta, constituit *iura fundamentalia* hominis [9]. Haec iura utique imprimis habentur quoad inviolabilitatem ipsius personae, quatenus vita humana, integritas corporis, libertas conscientiae referuntur ad ipsam substantiam hominis, entis spiritualis-corporalis, qui qua talis habet valorem absolutum ex eius ordinatione directa ad Deum neque medium est ad finem aliorum. Ita protegitur homo in vita sociali positus, protegitur persona ipsa, ad cuius perfectionem referuntur omnia bona humana quaeque illusoria fieret sine tali protectione personae.

Porro iura fundamentalia hominis constituuntur libertate relate ad actuanda varia bona humana extra hominem posita. Homo est subiectum iurium quoad actuanda bona humana. Immo facultates agendi, quae substantiam (scilicet esse spirituale, intentionale homini internum) iurium fundamentalium efformant, constituunt ipsam personalitatem dynamice consideratam, id est consideratam sub ratione activitatis, quatenus persona in agendo ad finem suum libertate est praedita; tales facultates agendi libertatem personalem specificant quoad obiecta, scilicet bona humana ad hominem ordinata et acquirenda ab homine essentialiter sociali, ab homine posito inter homines coexistentes. Proinde iura fundamentalia secundum substantiam structuram internam socialitatis humanae constituunt sicuti ipsa bona humana actuanda; ad haec bona

De socialitate humana

enim haec iura referuntur, haec bona sunt obiectum horum iurium. Haec iura sunt aliquid personae, participant de valore absoluto personae [10].

Illa quae iuribus fundamentalibus (e. g. ius acquirendi bona materialia in proprietatem, ius contrahendi matrimonium, ius laborandi etc.) continentur, principiis obiectivis enuntiantur et circumscribuntur. Talia principia respectivum ius ex natura rei, scilicet ex natura specifica talis boni actuandi, e. g. matrimonii, definiunt; ita haec principia efformant aliquod totum ideale, obiectivum, quod stabiliter habetur antecedenter et independenter respectu voluntatis humanae, qua tale bonum humanum in concreto actuatur. Ob hanc rationem hoc totum ideale dicitur: *institutio*, quae est iuridica, quia iura fundamentalia exercentur in socialitate actuata, in vita sociali externa.

Eadem de causa tales institutiones exigunt principia quae se imponunt ratione effectuum, quos exercitium iurium per se habet pro hominibus coexistentibus. Immo exercitium iurium fundamentalium ordinate fieri non potest, nisi ratio habeatur mutuae dependentiae et interdependentiae, qua homines coexistentes ad invicem referuntur in tota amplitudine actuationis bonorum humanorum. Hinc ex natura rei, id est exercitio horum iurium, se imponunt principia quoad coordinationem exercitii iurium in tota eius amplitudine. Complexus omnium horum principiorum structuram externam socialitatis humanae obiective constituit, quatenus obiective bonum commune (sensu technico)[11] circumscribitur, ut ipsum possit realiter actuari.

Inde etiam elucet haec principia obiectiva (utriusque speciei) habere rationem normae obligatoriae pro activitate sociali seu constituere verum ius naturale obiectivum. Haec principia igitur fundamentum habent in ipsa persona humana eiusque valore absoluto; consequenter haec principia habentur antecedenter et independenter ab omni associatione indolis organisatoriae, non tantum concreta, sed etiam qua tali. Immo, haec principia formaliter ultimatim quoad specificationem reducuntur ad essentiam divinam, quoad obligationem voluntate divina imponuntur[12].

Associatio indolis organisatoriae

Coordinatio exercitii iurium in tota amplitudine actuationis bonorum humanorum efficaciter haberi nequit, nisi habeantur associationes, quibus haec coordinatio peragitur. Non est, cur in hoc contextu ulterius exponantur illa, quae ad tales associationes referuntur; sufficiat notare coordinationem exercitii iurium in eius totalitate spectare ad Statum finemque eius internum esse instaurationem et conservationem ordinis et pacis socialis, eo quod exercitium iurium in eius totalitate coordinationem obtinet; quo facto iura fundamentalia efficaciter pacifice exerceri possunt. Iure igitur *Status* dicitur associatio indolis organisatoriae, quia organisatio verum est bonum humanum sicuti ipsum corpus pro homine verum bonum constituit; hinc per bona indolis organisatoriae ligamina intentionalia inter homines haberi possunt; immo Status inter associationes indolis organisatoriae est omnino necessarius.

Et hoc ex eo, quia principia obiectiva iuris naturalis, quae bonum commune circumscribunt, non sunt in omnibus plene determinata. Praeterea vita socialis concreta est in perpetua evolutione et mutatione; hinc alia et alia requiruntur in diversis circumstantiis temporis et loci, culturae, technicae etc., ut ordo et pax socialis habeatur. Proinde semper de novo requiritur determinatio concreta principiorum iuris naturalis eorumque applicatio ad circumstantias actuales per legem positivam. Tandem requiritur principium quo omnes diriguntur ita, ut ad bonum commune actuandum efficaciter cooperentur. Haec igitur spectant ad auctoritatem statalem. Inde sequitur auctoritati statali competere ius subiectivum omnia in Statu ita ordinandi et coordinandi, ut bonum commune habeatur[13]. Hoc ius subiectivum igitur est ordinis publici; ipsum comprehendit publicam potestatem legislativam, exsecutivam et iudicialem. De cetero structura interna et externa huius iuris eodem modo explicanda est, sicuti hoc dictum est de iuribus fundamentalibus hominis [14].

Quod attinet in specie potestatem legislativam, per ipsam creatur *ius positivum*, quo exercitium iurium ordinatur eo, quod fit determinatio concreta principiorum iuris naturalis eorumque applicatio ad circumstantias actuales, ut bonum commune habeatur [15].

Functio coordinatrix potestatis publicae igitur non versatur circa ipsa iura fundamentalia hominis eorumque exercitium qua tale [16]. Haec iura enim constituunt personalitatem in agendo; persona est antecedenter ad omnem societatem indolis organisatoriae. Organisatio est propter personam. Potestas publica autem exercitium iurium fundamentalium afficere potest, ut bonum commune societatis habeatur; ad hoc enim ipsa constituitur. Iamvero effectus exercitii iurium fundamentalium societatem afficiunt; ratione igitur talium effectuum societas indolis organisatoriae exercitium iurium afficere valet.

Constitutio iurium per activitatem iuridicam

Homo iura fundamentalia exercet respectivo actu ad bonum humanum obtinendum ordinato, qui ideoque etiam elemento interno et externo constituitur. Vere *actus iuridicus* seu negotium iuridicum est actus voluntatis externe manifestatus ad effectum intentum iuridicum habendum. Posito tali actu secundum elementa constitutiva essentialia ipse actus suam causalitatem exercet et ius concretum (acquisitum) constituitur; ita e. g. per emptionem-venditionem acquiritur dominium rei emptae. Societas indolis organisatoriae hic influit, quando ratione boni communis exercitium iurium fundamentalium restringit vel determinatum modum agendi exigit. Exercitium iurium non servatis talibus dispositionibus tamquam legitimum non recognoscitur, immo forte etiam prohibetur; effectus proprii legitimo exercitio iurium non habentur.

Consequenter quoad actus iuridicos distinquenda est *exsistentia et efficacitas* [17]. Actus exsistit, si habentur omnia elementa essentialia, constitutiva eius, elementum internum et elementum externum. Deficiente tali elemento essentiali actus est inexsistens. Actus est efficax iuridice, si non tantum est exsistens, sed etiam structura externa debita habetur. Structura externa quidem elementum essentiale actus constituit; attamen structura externa debita, scilicet constitutio actus modo determinato in vita sociali, potest a potestate statali impediri eo, quod obstaculum ponitur (actui qua tali utique extrinsecum), et quidem ratione boni communis; stante tali obstaculo actus iuridicus exsistens non est coordinatus cum exercitio iurium aliorum, quia est contra bonum commune; actus exsistens debita incorporatione in vita sociali et hinc structura externa debita, structura externa simpliciter, caret, ideoque actus est iuridice inefficax.

Proinde in casu (actus iuridici quidem exsistentis, sed inefficacis), iuri per actum iuridicum constituendo deficit elementum essentiale: ratione defectus coordinationis cum iuribus aliorum deficit ipsi debita structura externa; hinc tale ius ex toto constitutum non est. Ius quidem constitutum est secundum elementum internum seu secundum substantiam, scilicet secundum suum esse intentionale, quod animae tamquam qualitas inhaeret. Attamen tali iuri deficit debita structura externa, id est adaptata ad talem societatem, seu ipsi deficit simpliciter suum « corpus »; ratione huius defectus ius efficax non est. Si e. g. translatio dominii in rem immobilem coram notario peragenda sit, ius concretum in rem immobilem secundum substantiam, secundum esse intentionale, per actum voluntatis manifestatum constituitur, attamen ipsi deficit in defectu notarii efficacitas.

Verum quidem est structuram externam non advenire iuri ab extrinseco, quia ipsa in eo consistit, quod structura eius interna ad extra traducitur; ipsum ius totum quantum, structura eius interna et externa, per activitatem voluntatis subiecti (manifestatam) constituitur; de se cum iure secundum esse intentionale constituto etiam eius structura externa constituitur, praecise, quia structura interna

De socialitate humana

ex se seipsam traducit ad extra; ipsa ad hoc tendit, ut suum « corpus » habeat ad efficacitatem habendam. Hoc sensu communiter dicitur ius acquisitum per subiectum agens constitui efficaciter, dummodo normae iuris naturalis serventur; hae normae intelliguntur illae, quae per naturam boni determinantur, de quo agitur, e. g. de dominio in rem immobilem.

Potestatis publicae autem est coordinare exercitium iurium hominum coexistentium; hinc ipsius est exercitium iurium coordinare in eius totalitate seu ratione habita mutuae interdependentiae hominum in concreta societate coexistentium. Ea de causa potestas publica determinatum modum agendi pro exercitio efficaci iurium imponens obstaculum ponit activitati voluntatis extrinsecum, ne constituatur structura externa iuris secundum esse intentionale per subiectum agens constituti, nisi talis modus agendi impositus servetur. Actus subiecti in tali casu suam causalitatem exercet quoad substantiam seu quoad esse intentionale iuris constituendi; quoad structuram externam debitam iuris constituendi causalitas autem impeditur, seu ius efficaciter constitui nequit.

Breviter: Actus iuridicus secundum elementa essentialia constitutiva exsistens ius constituit *secundum substantiam* et structuram internam, secundum esse intentionale; talis actus non positus modo a potestate publica legitime determinato ius efficaciter non constituit, quia causalitas actus quoad structuram externam debitam et ita quoad esse *efficax iuridice* impeditur, seu tale ius simpliciter non iam habetur. Si modus agendi praescriptus servetur, causalitas actus eo ipso etiam ad structuram externam iuris extenditur: ius etiam efficaciter constituitur seu ex toto constituitur. Proinde ipsum ius constituitur per actum iuridicum subiecti agentis, non per recognitionem ex parte auctoritatis publicae [18]; auctoritas publica « recognoscit » id, quod totum quantum per subiectum agens tamquam per causam efficientem constitutum est.

2. De structura interna et externa socialitatis humanae supernaturaliter elevatae necnon Ecclesiae

Personalitas et iura fundamentalia ordinis supernaturalis

In concreto ordine salutis homini constitutus est finis supernaturalis. Agitur de ordine supernaturali, id est de ordine Deo (Trino) proprio, quatenus ipse « lucem inhabitat inaccessibilem » (1 Tim. 6, 16) et qua talis est obtinendus, id est visione beatifica possidendus. Hic ordo salutis concretus *Christum Dominum* habet tamquam auctorem et caput. Revelatio supernaturalis — veritates credendae et nor-

De socialitate humana

mae sequendae — in ipso et per ipsum definitive perficitur et absolvitur; nova vita, qua visio Dei vere inchoatur, homini acquiritur praesertim per passionem et mortem ipsius; immo haec vita habetur per participationem in vita Christi: « Vivit vero in me Christus » (Gal. 2, 20).

Intentionalitas hominis itaque non tantum quoad obiectum extenditur, sed elevatur ad ordinem essentialiter altiorem, ad ordinem supernaturalem, quatenus homini datur, ut vitam supernaturalem efficaciter, fructuose vivere possit. Haec omnia autem habentur tantum, si homo cum Christo uniatur. Ad unionem cum Christo, qualis in hoc ordine salutis obiective est debita, praesertim requiritur baptisma. « Amen, amen dico tibi, nisi quis renatus fuerit ex aqua, et Spiritu sancto, non potest introire in regnum Dei » (Jo 3, 5).

Baptismate igitur personalitas hominis supernaturaliter elevatur ita, ut ipse vitam supernaturalem propria activitate supernaturaliter elevata efficaciter, fructuose vivere possit. Hoc sensu baptismate personalitas ordinis supernaturalis constituitur (can. 87). Homo enim, dum gaudeat personalitate ordinis naturalis ipsa sua exsistentia, personalitate debita in ordine ad finem supernaturalem ipsa sua exsistentia non gaudet. (Agimus hic tantum de illa conditione hominis, quae in hoc statu salutis obiective, ordinarie, consequenter ad voluntatem Dei, qua hic ordo supernaturalis consti-

De socialitate supernaturaliter elevata

tuitur, homini est debita. Non agimus de salute subiectiva singulorum hominum, neque quaerimus, qua ratione etiam non-baptizati finem supernaturalem attingere possint non obstante principio — supra relato — ab ipso Domino enuntiato de necessitate baptismatis ad consequendum regnum Dei. Tales enim quaestiones non tangunt quaestionem hic unice considerandam de structura ordinaria, obiective debita, secundum voluntatem Dei, socialitatis humanae). Ordo supernaturalis est ordo salutis a Christo Domino in Cruce conditus et hac ratione ipsi tamquam Capiti proprius. Hinc capacitas in ordine supernaturali tantum eo haberi potest, quod homo Christo moraliter unitur. Actio, qua unio debita cum Christo efficitur, est baptisma. Nam baptismate, quatenus eius libera receptio est actio personalis, homo suam intentionem manifestat, uniendi se quantum est in se Christo in Cruce Patri seipsum offerenti; porro in collatione baptismatis Christus Dominus est agens principalis, quia sacramenta sunt actiones vicariae Christi [19].

Ita primus effectus baptismatis est *impressio characteris baptismalis*, quo baptizatus Christo moraliter unitur et incorporatur, Christo configuratur et tamquam ipsi devinctus insignitur. Homo non tantum extrinsece ad Christum ordinatur, sed ontologice, intrinsece consecratur, quatenus character baptismalis est qualitas supernaturalis, quae tamquam esse intentionale animae inhaeret. Homo charactere baptismali capax redditur recipiendi vitam supernaturalem receptamque activitate sua evolvendi et perficiendi et ita intendendi modo debito, efficaciter et fructuose finem suum supernaturalem personalem. Hinc baptismate personalitas hominis nequaquam aufertur, quia elevatio supernaturalis esse hominis accidentaliter afficit; homo manet suppositum seu substantia ut totum in se subsistens; immo baptismate eius personalitas intrinsece elevatur ad ordinem supernaturalem, id est totalitas metaphysica, quam natura humana constituit, perfectionem propriam non obtinet nisi in illo ordine, qui terminatur in visione beatifica Dei. Ad efficaciter intendendum modo debito hunc finem — qui unicus est finis hominis in ordine salutis concreto — homo charactere baptismali fit capax; dominium intentionale actuum, quod homini competit, habetur nunc in ordine ad hunc finem. Actuatio spiritualitatis naturae humanae quam maxime augetur eo, quod homo ad ordinem qualitative superiorem, ad ordinem Deo Trino proprium elevatur; hinc ipsa personalitas hominis qualitative elevatur et augetur. Baptizatus finem supernaturalem, Deum visione beatifica possidendum, tamquam finem personalem, activitate personali, libera, efficaciter et modo debito obtinendum habet. Immo, baptisma confert specificam libertatem finem supernaturalem intendendi, quatenus hominem liberat a lege naturae lapsae, ab impedimentis,

De socialitate supernaturaliter elevata

quae obstabant, quominus finem supernaturalem intenderet (Gal. 4, 26; 5, 1; 5, 13; 5, 21. Rom. 8, 21).

Eo enim quod homo tenetur recipere baptisma ab alio, id est actu sociali, iam manifestatur vitam supernaturalem socialiter esse habendam. Vere Christus Dominus ordinem supernaturalem ita instituit, ut vita supernaturalis ordinarie socialiter sit habenda et perficienda. Per receptionem baptismatis personalitas hominis non tantum interne elevatur, sed etiam in vita sociali baptizatus ponitur persona in ordine ad finem supernaturalem obtinendum. Personalitas enim eius interne supernaturaliter elevata etiam iuridice ad ordinem supernaturalem extenditur, quia baptizatus fit *subiectum iurium et officiorum* modo debito in ordine ad bonum supernaturale actuandum.

Activitas exercenda in ordine ad finem supernaturalem obtinendum hoc fine specificatur (actus fidei, cultus, caritatis, virtutum moralium etc.); ergo finis obtinendus baptizato officia imponit elevationi eius supernaturali congruentia. Ita libertas est ligata ad finem, qui etiam media, quae sunt necessaria ad finem obtinendum, specificat. De cetero autem electio mediorum, quibus finis intenditur, libertati baptizatorum relinquitur. Nam baptizatus libertate personali quoad activitatem exercendam in ordine ad finem supernaturalem obtinendum non gauderet, nisi haberetur sphaera activitatis externae, in qua quoad ob-

De socialitate humana

iecta concreta habetur facultas inviolabilis libere agendi: libertas conscientiae, electionis status vitae (matrimonium, virginitas), communicandi et se associandi cum aliis fidelibus, exercendi caritatem etc. Tales facultates baptizatorum circumscribunt libertatem personalem in ordine ad perfectionem personalem supernaturalem. Proinde tales facultates agendi constituuntur ipsa personalitate supernaturali dynamice considerata.

Dum iura fundamentalia personae ordinis naturalis facultatibus libere agendi exhauriuntur, quia vires naturales ad finem naturalem intendendum de se sufficerent, oportet ut insuper habeantur facultates exigendi tamquam debita media specifica necessaria ad finem supernaturalem obtinendum; ad finem enim supernaturalem intendendum necessario obtinendum una ex parte vires naturales non sufficiunt, altera ex parte Christus Dominus talia media specifica (e. g. sacramenta) instituit. Omnes tales facultates agendi et exigendi quoad substantiam, ontologice, constituunt esse intentionale, quoad animae per characterem baptismalem inhaeret. Quia tales facultates habentur, ut exerceantur in vita sociali, vere *iura fundamentalia baptizatorum ordinis supernaturalis* constituunt, quae ordinantur ad bonum supernaturale actuandum activitate personali baptizatorum, qui ad hoc inter se uniuntur.

De socialitate supernaturaliter elevata

Vere, assumptio naturae humane per personam Verbi, filii Dei, naturam humanam consecravit in tota amplitudine facultatum eius. Hinc etiam tota vita socialis vita Christi est implenda et informanda, ut plenitudinem Christi repraesentare possit; ipsa socialitas humana est supernaturaliter elevanda et qua talis perficienda [20]. In quantum cooperatione omnium *plenitudo Christi* est actuanda, bonum supernaturale est actuandum; ita bonum supernaturale modo humano continuo actuandum constituit unum ex bonis humanis communibus [21], obiectum relationum intentionalium inter baptizatos, quae ad hoc bonum actuandum ordinantur.

Bonum supernaturale modo humano habendum in eius totalitate componitur multis bonis particularibus (bonum fidei, cultus, caritatis etc.) — abstrahendo ab eo, quod homines plenitudinem Christi actuare possunt tantum modo restricto, actibus finitis — ad quae habenda respectivae relationes intentionales habentur. Hae relationes simul sumptae igitur ad plenitudinem Christi inter homines actuandum ordinantur, seu ad perfectionem supernaturalem personalem baptizatorum evolvendam et perficiendam; ita tales relationes socialitatem humanam supernaturaliter elevatam constituunt.

Intentionalitate humana supernaturaliter elevata baptizati uniuntur inter se eo, quod Christo uniuntur, per ipsum et in ipso uniuntur;

De socialitate humana

hinc uniuntur in bono supernaturali ab ipso Domino constituto obiective et ab ipsis actuando indefinite multis bonis supernaturalibus particularibus, quae ita constituunt structuram internam socialitatis humanae supernaturaliter elevatae. Hoc modo tota vita humana est consecranda eo, quod plenitudo Christi actuatur. « Omnia per ipsum et in ipso creata sunt; et ipse est ante omnes, et omnia in ipso constant » (Col. 1, 16, 17), et ideo oportet « instaurare omnia in Christo » (Eph. 1, 10).

Bonum supernaturale Ecclesiae concreditum

Ad hoc praestandum Ecclesia est condita a Christo Domino: nam Ecclesia utpote societas supernaturalis viribus socialibus hominis qua talibus constitui non potuit. Consequenter autem ad constitutionem Ecclesiae per Christum Dominum ipsa se evolvit tamquam societas vere humana [22]. Revera actuatio boni supernaturalis — per cultum Deo tribuendum, per professionem fidei, per opera caritatis etc., breviter, per vitam spiritu supernaturali informatam — constituit officium commune omnium baptizatorum. Attamen hac ratione Ecclesiae, et quidem clericis Ecclesiae [23], speciale munus competit.

Etsi enim omnium fidelium est, singulorum quidem et in communi, bonum supernaturale actuare, attamen ad hoc requiritur etiam specialis cooperatio ex parte clericorum Ecclesiae.

De socialitate supernaturaliter elevata

Agitur de aliqua functione, quae Ecclesiae est omnino propria, quam e. g. Status non habet. Non est Status per seipsum actuare bona humana communia; hoc potius est singulorum hominum eorumque associationum libere conditarum. Vires autem naturales de se sunt omnino incapaces in ordine ad finem supernaturalem; hinc Ecclesiae est per potestatem sibi omnino propriam hominibus illa media supernaturalia conferre, quibus indigent, ut ipsi plenitudinem Christi actuare et ita finem supernaturalem intendere possint.

Iamvero bonum supernaturale substantialiter tale, ipsa vita supernaturalis in se, constituit qualitatem, quae tamquam esse intentionale animae inhaeret; hinc est aliquid pure spirituale et homini internum, quod qua tale in potestate Ecclesiae, utpote societatis humanae, esse non potest. Revera bonum supernaturale concreditum est Ecclesiae, quatenus hoc bonum modo humano habetur, id est actibus externis (quibus Deus efficacitatem spiritualem, supernaturalem tribuit) [24]. Ecclesiae concreditum est bonum cultus, quem praesertim per sacrificium eucharisticum Deo tribuit; bonum sanctificationis hominum, praesertim per sacramenta; depositum doctrinae a Christo traditae continens veritates credendas et normas (praecepta et consilia) sequendas. Bonum cultus et bonum sanctificationis semper de novo est efficiendum, utique eo modo qui quoad substantiam a Christo Domino est constitutus.

De socialitate humana

Ea de causa ad hoc habetur in Ecclesia potestas ordinis seu sacerdotalis [25]. Depositum doctrinae a Christo Domino Ecclesiae traditum est, ut illud integrum custodiat atque hominibus proponat et imponat; nihil novi hic statuitur quoad ipsam doctrinam, quae a Christo tradita est aliquod totum iam constituens. Attamen veritates et normae semper de novo applicandae sunt ad omnes quaestiones de novo se imponentes conexionem cum ipsis veritatibus et normis habentes. Ad hoc habetur in Ecclesia potestas iurisdictionis constans magisterio et regimine [26]. Dispositiones potestatis iurisdictionis intendunt ordinare activitatem fidelium ad finem supernaturalem, scilicet per actus virtutum theologicarum et moralium.

Inde elucet bonum supernaturale modo humano habendum constituere finem internum et *structuram internam Ecclesiae*, activitatis eius socialis qua societatis quidem supernaturalis, sed vere humanae. Et quidem ita, ut ad bonum supernaturale actuandum requiritur specifica activitas clericorum Ecclesiae, qui potestate ad hoc praediti sunt, quoad cultum et sanctificationem necnon quoad doctrinam a Christo traditam praedicandam et applicandam.

Iamvero iura fundamentalia ordinis supernaturalis (can. 87) habentur in ordine ad haec bona supernaturalia ab Ecclesia habenda (can. 682): ad participationem in cultu, ad receptionem sacramentorum, ad instructionem de

De socialitate supernaturaliter elevata

veritatibus a Christo traditis, ad directionem habendam quoad vitam christianam gerendam.

Hisce iuribus congruit *potestas Ecclesiae*, quatenus potestas sacra in ordine ad haec bona supernaturalia fidelibus conferenda constituit facultatem moralem agendi clericorum Ecclesiae, ab ipso Christo Domino constitutam. Revera iura fundamentalia ordinis supernaturalis et potestas clericorum baptismate, respective sacramento ordinis [27] — omnia sacramenta sunt actiones vicariae Christi — habentur. Iura baptizatorum characteri baptismali, quo baptizatus Christo unitur, inhaerent; potestas sacra characteri ordinis, quo ordinatus modo specifico participat de sacerdotio Christi [28], inhaeret. Haec iura et haec potestas secundum substantiam et exsistentiam constituunt qualitatem seu esse intentionale, quod animae per characterem sacramentalem inhaeret; constituunt structuram internam socialitatis humanae supernaturaliter elevatae ab ipso Christo Domino sacramentaliter conditam, quatenus ordinantur ad bonum supernaturale actuandum seu ad plenitudinem Christi in hominibus evolvendam. Proinde, quatenus Christus est antecedenter ad Ecclesiam societatem humanam, etiam structura interna socialitatis humanae supernaturaliter elevatae est antecedenter ad Ecclesiam societatem humanam nec ab ipsa attingibilis. Vere sicuti structura interna socialitatis humanae est personis interna, ita etiam structura interna socialitatis humanae supernaturaliter elevatae constituit qualitatem personalem, scilicet esse intentionale personis internum.

Ecclesia associatio indolis organisatoriae

Attamen structura interna socialitatis humanae etiam supernaturaliter elevatae organisatione, ordine externo carere nequit. Hinc illa, quae diximus de necessitate metaphysica, qua vita socialis indiget structura externa, etiam de Ecclesia dicenda sunt.

Ecclesia a Christo Domino constituta est etiam associatio indolis organisatoriae [29]. Ecclesia praeter functionem directe ad bonum supernaturale ordinatam aliam functionem habet: Ecclesiae est creare ordinem socialem, obiectivum, quo pax socialis habetur, ut fideles finem supernaturalem efficaciter intendere possint. Revera hac ratione Ecclesiae est ordinare exercitium iurium fundamentalium fidelium, non tantum ordinis supernaturalis, sed etiam naturalis; omnis enim activitas humana ad finem supernaturalem est ordinanda. Hinc Ecclesiae est creare organisationem vitae socialis *ratione finis supernaturalis* obtinendi; habetur unio fidelium intentionalis etiam in hoc bono indolis organisatoriae, quo Ecclesia totum sociale efficitur [30].

Non est cur haec in hoc contextu ulterius explicentur. Notandum tantum est affirmare finem Ecclesiae internum esse etiam ordinare

De socialitate supernaturaliter elevata

exercitium iurium fidelium in tota eius amplitudine non est affirmare potestatem directam Ecclesiae in temporalibus. Potestas organisatoria Ecclesiae est ad finem supernaturalem; temporalia Ecclesia attingit tantum ratione finis supernaturalis, ita ut competentia societatum ordinis naturalis non afficiatur. Immo generatim de temporalibus non habentur dispositiones activitatem ipsam afficientes; potius principiis doctrinalibus magisterium Ecclesiae fideles instruit de moralitate activitatis exercendae.

Quia structura externa socialitatis natura sua constituit structurae internae efformationem seu traductionem ad extra, omnis Ecclesiae activitas etiam organisatoria ordinatur ad bonum supernaturale; immo activitas Ecclesiae, qua verbum Dei praedicatur, qua veritates et praecepta Christi imponuntur, est activitas indolis organisatoriae; nam ipsae veritates et praecepta iam habentur, quatenus a Christo Domino tradita sunt; Ecclesia ipsa « dispensat », id est ipsa proponit, imponit et auctoritative applicat ad circumstantias actuales decretis doctrinalibus, praeceptis et prohibitionibus [31]. Ex hac stricta conexione inter structuram Ecclesiae externam et internam ipsa organisatio, ipsum *bonum commune Ecclesiae* revera est indolis supernaturalis, etsi ita natura activitatis non mutatur [32]. Omnis activitas socialis Ecclesiae itaque habet indolem supernaturalem.

De socialitate humana

Bonum supernaturale Ecclesiae concreditum institutionaliter

Hinc elucet duplicem functionem activitatis socialis Ecclesiae — actuare bonum supernaturale modo humano habendum et organisare activitatem ad habendum bonum supernaturale modo humano — etsi ratione formali est distincta, in activitate sociali concreta esse quam maxime conexam. Etenim bonum supernaturale est actuandum activitate humana sociali; ea de causa semper aliqua organisatio requiritur, etiamsi agitur de activitate directe efficiente (ex opere operato) vitam supernaturalem in se, uti in sacrificio eucharistico et in sacramentis [33]. Hoc sensu functio organisatoria totam activitatem Ecclesiae comprehendit [34]. Proinde dici debet, quod consequenter ad fundationem Ecclesiae societatis supernaturalis, sed humanae, per Christum Dominum, consequenter ad respectivae potestatis collationem, bonum supernaturale in Ecclesia voluntate Christi Domini modo institutionali seu modo iuridico habetur; revera bonum supernaturale habetur in toto complexu institutionum iuridicarum Ecclesiae. Sicuti Incarnatio Verbi iure dicitur, etsi analogice, sacramentum primordiale, quatenus per naturam et activitatem humanam Christi Domini vita supernaturalis hominibus confertur, ita etiam Ecclesia, societas externa, societas indolis institutiona-

De socialitate supernaturaliter elevata

lis, tamquam continuata Incarnatio Verbi, iure dicitur sacramentum primordiale, seu signum visibile a Christo institutum efficax gratiae modo obiectivo, id est ex opere operantis Ecclesiae: Tota activitas externa Ecclesiae significat et manifestat eius vitam internam, invisibilem, spiritualem, supernaturalem, et hanc vitam supernaturalem efficit, conservat, auget, perficit, modo institutionali [35].

Ita bonum humanum supernaturale institutionaliter in tota eius latitudine concreditum est a Christo Domino Ecclesiae; inde Ecclesiae socialis activitas, iuridica activitas effectum habet, quem ex se habere non posset, quem potius debet activitati Christi, qui per Ecclesiam agit societatem indolis institutionalis. Verum igitur est activitatem socialem Ecclesiae utpote activitatem humanam ex se non habere proportionem ad bonum supernaturale in se. Haec activitas ad ordinem supernaturalem elevatur eo, quod *Spiritus Sanctus* activitatem socialem Ecclesiae ab intrinseco informat, ita ut fiat apta ad efficiendum bonum supernaturale in se. Haec est ratio, ob quam Ecclesia est Corpus Christi, quia Spiritus Sanctus tamquam Spiritus Christi (Rom. 8, 9. Gal. 4, 6.) in Ecclesiam ad modum animae influit, ita ut eius vita vere haberi debeat vita Christi. Activitas Ecclesiae igitur est activitas humana, id est socialis; attamen haec activitas externa non est in seipsa subsistens, non habet finem in seipsa. Haec activitas procedit ex vita interna, invisibili Ecclesiae, ex vita Christi, quam Spiritus Sanctus, anima Corporis Christi, Ecclesiae communicat; et haec vita interna simul est finis activitatis externae Ecclesiae, ad quam ideoque tota quanta ordinatur [36].

Proinde influxu Spiritus Sancti activitas socialis et iuridica Ecclesiae ad ordinem supernaturalem elevatur et ita *effectus supernaturales* habet, quos ex seipsa habere nequit. Hoc sensu ipse Spiritus Sanctus vere se « ligavit » activitati institutionali Ecclesiae, quae huic « ligationi » debet, quod nunquam est inanis et vacua. Christus Dominus Ecclesiam suam non constituit societatem charismaticam, quae « institutionibus », id est normis iuridicis, officiis iuridicis cum immanente potestate, careret, quia in societate mere charismatica de bono supernaturali modo humano, modo institutionali habendo sermo esse non posset; nec in tali societate bonum supernaturale realitatem, de qua constat obiective, constitueret.

Bonum supernaturale in Ecclesia vere realitatem constituit, de qua obiective constat eo, quod per institutiones, modo iuridico, habetur. Ita homo valide recipiendo baptisma charactere designatur, quo ad Christum refertur, et ita Corpori Christi, quod est Ecclesia, devincitur; talis character est realitas, scilicet esse intentionale, animae baptizati inhaerens; etsi est invisibilis in se, quia est spiritualis, est tamen visibilis — et hinc est verum signum —

De socialitate supernaturaliter elevata

in causa, id est in baptismate rite collato et recepto, quod est actio externa, institutio iuridica et negotium iuridicum. Hinc est, quod homo baptismate constituitur persona in Ecclesia (can. 87): baptizatus, quia interne ad Christum, ad Corpus Christi, ad Ecclesiam, refertur, etiam in Ecclesia qua societate externa et iuridica est subiectum iurium et officiorum.

Iam diximus facultates agendi et exigendi in ordine ad finem supernaturalem personalem obtinendum destinari, ut exerceantur in vita sociali, in communione cum aliis fidelibus. Hac ratione se traducunt — saltem suppositis supponendis de quibus infra — ad extra et efformant structuram externam, sine qua socialiter efficaces esse non possunt, qua autem habita in vita sociali Ecclesiae efficaciter ponuntur.

Pariter de potestate Christi subiecto (clerico) sacramentaliter collata, et tamquam esse intentionale animae per characterem ordinis inhaerens, constat obiective ex ordinatione rite peracta. Subiectum talis potestatis per respectiva negotia iuridica bonum supernaturale actuare valet, de cuius realitate obiective constat, scilicet in potestate rite tradita et exercitata, seu in institutione iuridica et negotio iuridico, e. g. in administratione sacramentorum.

Proinde bonum supernaturale Ecclesiae institutionaliter concreditum et activitate iuridica actuandum subiectum habet ipsos baptizatos respective ordinatos necnon eorum *activitate personali* est actuandum.

Influxus Ecclesiae in activitatem iuridicam baptizatorum

Ecclesiae, quatenus est associatio indolis organisatoriae et societas iuridica, concredita est administratio omnium mediorum salutis in hoc ordine concreto salutis supernaturali. Ecclesiae igitur est coordinare exercitium iurium fundamentalium baptizatorum ordinis supernaturalis immo etiam ordinis naturalis *ratione finis supernaturalis* obtinendi [37].

Potestas socialis, iuridica Ecclesiae afficiendi hac ratione activitatem iuridicam baptizatorum non versatur circa ipsa eorum iura fundamentalia, nec ordinis naturalis, nec ordinis supernaturalis [38]. Illa enim fundantur directe in personalitate metaphysica hominis, haec in charactere sacramentali collato per baptisma, quod est actio vicaria Christi. Haec iura igitur, scilicet ratione substantiae eorum, seu facultatum moralium agendi et exigendi ordinis intentionalis, constituunt structuram internam socialitatis humanae, sive naturalis, sive supernaturaliter elevatae. Ecclesiae est coordinare exercitium iurium fundamentalium; hinc eius potestas versatur circa *structuram externam* socialitatis humanae.

Consequenter Ecclesia afficere nequit exsistentiam actuum iuridicorum, quos baptizati

De socialitate supernaturaliter elevata

rite ponunt, afficere autem potest efficacitatem iuridicam horum actuum. Res bene illustrari potest exemplo matrimonii (in fieri), quod non tantum est actus iuridicus, sed etiam (inter baptizatos) sacramentum.

Matrimonium facit partium *consensus* rite manifestatus. Talis consensus (matrimonium in fieri) est causa unica et adaequata matrimonii in facto esse secundum structuram internam et externam. Societas indolis organisatoriae (Status pro non-baptizatis, Ecclesia pro baptizatis) ratione boni communis iure exigere potest, ut consensus matrimonialis determinato modo fiat. Ecclesia ita exigit pro catholicis *formam canonicam*. Consensus partium de se rite praestitus et manifestatus non servata forma canonica est exsistens. Proinde talis consensus matrimonium constituit secundum substantiam seu secundum esse intentionale. Attamen talis consensus suam causalitatem plene exercere non potest, quia ab extrinseco obstaculum ponitur, quominus potentialitas consensus in actum transeat quoad structuram externam matrimonii. Hoc matrimonium constituendum igitur non est coordinatum cum iuribus aliorum fidelium, non est incorporatum in Ecclesia; hinc structura externa debita oriri nequit. Hoc sensu per talem consensum carentem forma canonica matrimonium ex toto non constituitur, non est simpliciter validum, quia ipsi deficit elementum essentiale, scilicet structura externa et consequenter efficacitas iuridica.

Per consensum matrimonialem rite positum et manifestatum (consensus exsistens) igitur *esse intentionale matrimonii* constituitur, structura eius interna habetur. (Structura interna matrimonii ex ordinatione ad bona matrimonialia habetur; hinc in ipsa habentur iura et obligationes matrimonii propria). Per consensum rite praestitum et manifestatum carentem tamen forma canonica habetur matrimonium igitur secundum esse intentionale; matrimonio deficit structura externa in Ecclesia debita; hinc ipsi deficit elementum essentiale, cuius defectus illud reddit *iuridice inefficax*; ipsa iura matrimonialia efficaciter constituta non sunt. Matrimonium est simpliciter invalidum. Quia autem structura externa matrimonii constituitur eo, quod structura interna ad extra traducitur, ad hanc structuram externam constituendam iam nihil aliud requiritur nisi remotio obstaculi ab Ecclesia positi.

Potest itaque Ecclesia, si velit, recognoscere matrimonium quoad substantiam constitutum, quod laborat defectu formae canonicae et hac ratione inefficax, invalidum est. Talis recognitio fit per sanationem in radice. Ut matrimonium fiat simpliciter validum, scilicet ut fiat iuridice efficax seu efficacitatem naturalem iuridicam obtineat, nova activitas partium de se non requiritur. Potius remoto obstaculo ex parte Ecclesiae eo, quod ipsa renuntiat for-

De socialitate supernaturaliter elevata

mam canonicam pro hoc concreto matrimonio, matrimonium secundum esse intentionale iam exsistens eo ipso efficacitatem obtinet, quatenus consensus matrimonialis rite praestitus et perdurans causalitatem suam plene exercet ipsamque extendit ad structuram externam matrimonii: ex nunc matrimonium fit simpliciter validum, constituitur vinculum matrimoniale iuridice efficax, iura matrimonialia obtinent efficacitatem, ita ut exerceri valeant [39].

Notandum est, quod matrimonium invalidum ex defectu formae canonicae nequit fieri *sacramentum*. Ad dignitatem sacramenti Christus Dominus evexit contractum matrimonialem efficacem; ad habendum sacramentum itaque non sufficit consensus exsistens, sed requiritur consensus efficax. Proinde Ecclesia impediendo efficacitatem consensus impedit etiam sacramentum.

Modo generali igitur dici debet Ecclesiam posse pro recognitione actus iuridici ponere *condicionem essentialem* [40]; hac condicione essentiali non impleta actui iuridico deest structura externa in Ecclesia iure debita, scilicet ratione boni communis. Causalitate actus de cetero rite positi ius constituendum per actum iuridicum quidem constituitur quoad substantiam, secundum esse intentionale et structuram internam. Condicio ab Ecclesia posita actui qua tali, quatenus per voluntatem ad extra manifestatam ponitur, est quidem extrinseca; attamen ita ab extra ponitur obstaculum, ne causalitas actus se extendere possit ad efficiendam structuram externam iuris constituendi. Deficiente structura externa iuris constituendi hoc ius, quia caret elemento essentiali, ex toto constitutum non est: hoc ius est inefficax, ipsum non est valide constitutum.

Simili modo explicandus est influxus, quem Ecclesia exercet quoad negotia iuridica, quibus bona supernaturalia intenduntur. Ita e. g. iura fundamentalia baptizatorum ordinis supernaturalis receptione valida baptismatis constituuntur. Facultas moralis agendi respective exigendi, quae substantiam horum iurium constituit, fundatur in charactere baptismali; hinc omni receptione baptismatis valida confertur. (Substantia iuris intelligitur ipsum esse eius intentionale in charactere sacramentali radicatum, quatenus ordinatur ad varia bona supernaturalia actuanda vel habenda). Attamen receptio baptismatis (etsi valide receptum est), cui non accedit *professio fidei et communionis cum Ecclesia*, ab Ecclesia non recognoscitur hac ratione, quod vi ipsius bona supernaturalia in Ecclesia actuari respective peti non possunt. Hac ratione baptisma carens professione fidei et communionis cum Ecclesia effectus iuridicos in Ecclesia non habet [41].

Baptisma omnino etiam in hoc casu est *causa unica* et adaequata, qua iura fundamentalia ordinis supernaturalis constituuntur. Revera haec baptismatis causalitas constituit ipsas facultates morales seu substantiam horum iu-

De socialitate supernaturaliter elevata

rium; haec causalitas autem non extenditur ad structuram externam horum iurium, quatenus Ecclesia, non recognoscendo hac ratione baptisma, ab extra ponit obstaculum, ne baptizatus quoad iura per baptisma constituenda coordinetur cum fidelibus seu incorporetur in Ecclesia seu exercitium efficax horum iurium habeat [42]. Hinc structura externa debita horum iurium tamquam elementum essentiale eorum non constituitur; haec iura ex toto constituta non sunt; consequenter ipsis deficit efficacitas iuridica. Etsi enim haec iura constituuntur per baptisma tamquam actionem vicariam Christi, ipse Christus Dominus Ecclesiam constituit societatem, cui concredita est administratio oeconomiae salutis ordinis supernaturalis; in Ecclesia itaque haec iura sunt adaptanda et exercenda, ab ipsa petenda sunt media salutis necessaria ad finem supernaturalem obtinendum. Proinde professio fidei et communionis cum Ecclesia iure divino statuitur tamquam officium quam maxime fundamentale baptizatorum; recusato hoc officio Ecclesia nequit recognoscere baptisma, in quantum baptisma ordinatur ad iura fundamentalia ordinis supernaturalis subiecti constituenda, attamen exercenda in communione fidelium, id est in Ecclesia, quae unionem constituit in caritate Christi per Spiritum Sanctum. Haec iura fundamentalia baptizatorum nequeunt ex toto et efficaciter constitui non recognita ex parte baptizati tali ipsorum *functione ecclesiologica*. Altera ex parte hinc elucet ad haec iura ex toto constituenda — valido baptismate supposito — nihil aliud requiri nisi professionem fidei et communionis cum Ecclesia; hac professione habita causalitas baptismatis eo ipso ad constituendam structuram externam debitam, scilicet in Ecclesia adaptatam, horum iurium extenditur, ita ut efficaciter exerceri possint.

Restrictio iurium fundamentalium baptizati haberi etiam potest per *poenam canonicam*. Talis restrictio iurium ex parte Ecclesiae eodem modo est explicanda, sicuti hoc modo dictum est quoad baptizatos acatholicos: In quantum iura restringuntur, in tantum exercitium iuridice efficax eorum non habetur, manente semper substantia iurium [43]. Haec enim ipso charactere sacramentali baptizati inhaeret ideoque est inamissibilis. Poena canonica sublata eo ipso exercitium efficax iurium iterum haberi potest.

Hisce dictis elucet iura fundamentalia baptizatorum ad normam can. 87 simpliciter non haberi in tantum, in quantum baptizati communionem cum Ecclesia recusant (obex, id est defectus professionis fidei vel communionis cum Ecclesia), aut ab Ecclesia tali communione privantur per poenam canonicam.

Quod attinet influxum Ecclesiae in receptionem potestatis sacrae in Ecclesia exercendae, potestatis, quae sacramentaliter confertur et ita ordinatis per characterem ordinis tamquam qualitas animae inhaeret, eadem dicenda sunt, quae hic dicebantur quoad constituenda iura fundamentalia baptizatorum ordinis supernaturalis. Attamen ulterior explicatio huius quaestionis secundam partem huius studii constituit.

Conclusiones

Homo, persona, constituitur natura spirituali corpori substantialiter unita. Hinc necessitate metaphysica socialitatis humanae distinguenda est structura interna et externa.

1. Habetur eius *structura interna*, quia socialitas humana formaliter constituitur relationibus intentionalibus hominum, quae specificantur et consequenter distinguuntur bonis humanis communibus, ad quae tales relationes ordinantur. Esse sociale igitur est homini internum, est esse intentionale, quod, sicuti omnia bona humana, homini praebet perfectionem personalem. Structura externa socialitatis humanae constituitur huius structurae internae traductione ad extra, scilicet eius organisatione in vita sociali externa.

Structura interna socialitatis humanae — constituta relationibus intentionalibus ipsarum personarum — quatenus natura sua est antecedenter et independenter — utpote spiritualis et hominibus interna — ab omni associatione indolis organisatoriae, per hanc affici non potest. Attamen potest associatio indolis organisatoriae afficere *structuram externam* socialitatis humanae, quia associationis indolis organisatoriae est coordinare — ratione boni communis — exercitium iurium fundamentalium hominis et incorporare hoc exercitium in vita sociali. Hac ratione associationis indolis organisatoriae est impedire constitutionem iurium, quae bono communi adversantur; consequenter ipsa potest obstaculum ponere, ne structura externa iurium se efformare possit.

Actuantur enim bona humana exercitio iurium fundamentalium, scilicet per actum iuridicum, id est per actum intentionalem ad extra manifestatum, ut effectus iuridicus habeatur. Causalitas actus iuridici rite positi semper creat ipsum ius constituendum *secundum substantiam* (esse intentionale) et structuram internam; efformationi autem structurae externae huius iuris obstaculum poni potest eo, quod *exercitium iuris* fundamentalis in ordine ad ius acquisitum constituendum non recognoscitur utpote contrarium bono communi. Deficiente hac recognitione, deficiente igitur structura externa debita iuris constituendi hoc ius ex toto constitutum non est nec exerceri valet.

2. Elevatione supernaturali hominis etiam socialitas eius supernaturaliter elevatur, quatenus intentionalitas eius essentialiter augetur. Hinc socialitatis humanae supernaturaliter elevatae necessitate metaphysica distinguenda est structura interna et structura externa.

Conclusiones

Homo capax redditur finem supernaturalem efficaciter intendendi seu vitam supernaturalem gerendi. Ad hoc ipsi imprimitur character baptismalis, animae tamquam esse intentionale inhaerens, quo cum Christo modo specifico unitur. Hinc *structura interna* socialitatis humanae supernaturaliter elevatae constituitur relationibus intentionalibus baptizatorum fundatis in charactere baptismali, ordinatis ad bona supernaturalia particularia actuanda, quae simul sumpta bonum supernaturale in eius totalitate constituunt tamquam unum ex boni humanis communibus (consequenter ad elevationem supernaturalem hominis) seu ipsam vitam Christi Domini in hominibus evolvendam. Quatenus haec structura interna socialitatis humanae supernaturaliter elevatae habetur per ipsum Christum Dominum — baptisma est actio vicaria Christi — et per actus intentionales baptizatorum est evolvenda, baptizatis est interna necnon habetur in signo rationis antecedenter ad Ecclesiam societatem humanam, ipsique attingibilis non est.

Structura externa socialitatis humanae supernaturaliter elevatae constituitur huius structurae internae ad extra traductione seu organisatione in vita sociali externa, quae igitur, saltem ratione finis, ad quem ordinatur, etiam est indolis supernaturalis. Hinc Ecclesiae tamquam associationis indolis organisatoriae est coordinare exercitium iurium — ratione boni

De socialitate humana

communis — et incorporare hoc exercitium in communione fidelium seu in ipsa Ecclesia societate humana. Hac ratione Ecclesia structuram externam socialitatis humanae supernaturaliter elevatae vere afficere valet.

Actuantur enim bona humana supernaturalia per exercitium iurium fundamentalium, non tantum ordinis supernaturalis, sed etiam naturalis, quatenus omnis activitas humana ad finem supernaturalem est ordinanda. *Causalitas actus iuridici* rite positi semper creat ipsum ius constituendum secundum substantiam et structuram internam; efformationi autem structurae externae debitae huius iuris Ecclesia obstaculum ponere potest eo, quod ipsa exercitium iurium, utpote contra bonum commune Ecclesiae, non recognoscit. Consequenter ius constituendum ex toto constitutum non est nec exerceri potest. Hinc etiam receptio baptismatis valide collati, cui non accedit professio fidei et communionis cum Ecclesia hierarchica, personalitatem iuraque fundamentalia baptizatorum ordinis supernaturalis secundum substantiam et structuram internam constituit; non autem oritur eorum structura externa debita, ita ut ex toto non sint constituta, cum deficiat incorporatio horum baptizatorum in Ecclesia.

3. Effertur hisce principiis metaphysicis ex una parte homini tamquam personae competere in vita sociali positionem centralem, quatenus ipse est *subiectum agens* necnon eius

Conclusiones

activitas est causa efficiens adaequata iuris subiectivi constituendi; altera ex parte *exigentiis ordinatae vitae socialis* satisfieri, quatenus associatio indolis organisatoriae (Status et Ecclesia infra respectivam competentiam) efficacitatem iuris constituendi impedire potest, ita ut ratione defectus debitae structurae externae hoc ius ex toto constitutum non sit nec exerceri possit.

Ex una parte igitur ipsa indoles supernaturalis activitatis personalis baptizatorum fundatur in *unione cum Christo Domino* per characterem baptismalem constituta; ex altera parte *Ecclesiae* societati humanae competit officium praebendi ordinem externum activitatis socialis, ad finem supernaturalem obtinendum; hac ratione ipsa potest afficere activitatem iuridicam baptizatorum, scilicet impedire eius efficacitatem in vita sociali. Vita enim Christi evolvenda in hominibus evolvenda est tamquam aedificatio Corporis Christi, quod est Ecclesia.

PARS SECUNDA

DE STRUCTURA METAPHYSICA OFFICII EPISCOPALIS

Christus Dominus Ecclesiae concredidit administrationem oeconomiae salutis ordinis supernaturalis. Hinc Ecclesiae reliquit suam potestatem in ordine ad tale munus implendum. Impletur hoc munus per clericos, scilicet per fideles, quibus ad hoc ordinatio sacra sacramentalis confertur. Abstrahendo ab aliis quaestionibus, quae hac ratione habentur, loquimur hic tantum de relatione officii episcopalis ad officium primatiale seu de relatione inter episcopatum et primatum, quae certo sunt iuris divini.

1. Praenotanda historica quoad collationem officii episcopalis

Quoad evolutionem historicam relationis inter episcopatum et primatum plures adhuc habentur quaestiones nondum plene solutae. Neque in hoc contextu nos de hisce quaestionibus agimus.

Notare tantum velimus pro nostra quaestione magnum momentum habere *prohibitionem ordinationis absolutae,* id est ordinationis conferendae, quin candidatus simul officium sacrum obtineret in determinata ecclesia. Usque ad finem saeculi XII. ipsa ordinatio conferenda erat semper pro determinata ecclesia; collatio ordinationis et collatio officii sacri iure igitur unico actu, scilicet ipsa ordinatione fiebat [1].

Verum quidem est, quod tempore primaevo Ecclesiae missionarii habebantur, qui officium praedicationis exercebant migrando ab uno loco in alium. Attamen iam ipsi Apostoli communitatibus christianis praeficiebant ordinatos stabiliter in tali communitate christiana officium sacrum exercentes [2]. Tempore postapostolico ordinatio pro determinata communitate christiana seu ecclesia particulari constituebat regulam; quo magis organisatio localis Ecclesiae perficiebatur, eo magis missionarii migrantes evanescebant. Non potest excludi, quod saeculo II. et III. habebantur ordinationes, quin ordinatus officium sacrum in ecclesia particulari assumeret; attamen constat, quod demum inde a saeculo IV. ordinationes absolutae frequentius habebantur. Disciplinae ecclesiasticae, id est vitae ecclesiasticae sub vigilantia et directione Episcoporum se evolventi, ordinationes absolutae damnum afferebant; clericus enim ita ordinatus non habebat Episcopum, cui in exercenda potestate per ordinationem recepta subiiciebatur; ipse erat acephalus seu vagus. Ecclesia igitur clericis absolute ordinatis non favebat, etsi ordinationes absolutae non poterant omnino excludi; ita e. g. habebantur absolute ordinati inter monachos [3].

Tandem Concilium Oecumenicum Chalcedonense, anno 451, ordinationes absolutas stricte prohibebat [4]. Vere, etiam stante hac prohibitione ordinationes absolutae saeculis sequentibus occurrebant; fine medii aevi, varias ob causas, se affirmabant; immo inde ab Innocentio III. non iam erant prohibitae [5].

Candidatus absolute ordinatus — stante prohibitione ordinationis absolutae — ob defectum officii sacri in determinata ecclesia obeundi potestatem sacram de se per ordinationem conferendam exercere non potuit. Hoc sensu eius ordinatio habebatur *irrita* seu « vacua ». Et quidem vacua habebatur in tali casu potestas sacra tota quanta, sine ulteriore specificatione, scilicet, quin distingueretur inter potestatem ordinis et iurisdictionis. Haec enim distinctio tantum paulatim se evolvebat. Praecise illud factum, quod non obstante prohibitione ordinationis absolutae haec fine medii aevi se affirmabat, collationem ordinationis et collationem officii magis magisque separabat [6].

Hinc distinctio inter potestatem ordinis ordinatione conferendam et potestatem iurisdictionis missione canonica conferendam se imponebat. Sententia enim ordinationem absolutam non conferre ullam potestatem sacram valide exercendam, non potuit in suo rigore teneri, quando ordinatio absoluta, etsi prohibita, tamen tolerata fuit, multo minus, quando non iam fuit prohibita. (De cetero talem sententiam non fuisse universaliter admissam patet ex eo, quod ordinatio absoluta recognosci potuit, quin reordinatio instituta sit). Altera ex parte exercitium potestatis sacrae, etsi haec forte in ordinatione (absoluta) recepta fuit, independens esse non potest ab auctoritate Ecclesiae, quia tunc deordinatio vitae ecclesiasticae sequeretur [7].

Ita se evolvebat doctrina — nunc iam per saecula communis — quae imprimis distinguit inter potestatem, quae ordinatione valida recepta in subiecto habetur ita, ut valide semper exerceri possit, et potestatem, quae, etsi ordinatio valide recepta fuit, nondum habetur in subiecto ita, ut valide exerceri possit. Porro, secundum hanc doctrinam exercitium validum potestatis sacrae tamen illegitimum esse potest, scilicet illicitum. Ordinatione rite peracta in subiecto habetur potestas ordinis, quae semper valide, etsi forte illicite, exerceri potest. Potestas iurisdictionis autem ordinationi qua tali non iam habetur adnexa.

Prohibitio ordinationis absolutae etiam urgebatur quoad *consecrationem episcopalem*. Ecclesia primaeva Episcopos habebat subiecta potestatis sacrae, quam Apostoli a Christo Domino accipiebant et tamquam potestatem Christi successoribus tradebant [8]. Haec potestas, etsi habebatur quoad cultum, quoad praedicationem verbi Dei, quoad regimen, omnino tamquam unitas considerabatur, quae per impositionem manuum conferebatur [9]. Attamen impositio manuum conferenda erat pro determinata ecclesia; secus ordinatus utpote carens respectivo officio non habebatur Episcopus [10]; praesertim pro Episcopo ordinatio absoluta non admittebatur. Immo ligamen Episcopi ad ecclesiam suam habebatur indissolubile; exclusae igitur erant de se translationes Episcoporum ab una sede ad aliam [11].

Consecratione igitur episcopali pro determinata ecclesia particulari ordinatus cum tali consecratione accipiebat non tantum ipsam potestatem sacram, sed etiam accipiebat *exsecutionem* potestatis sacrae, potestatis, quae unitatem constituit modo descriptam; ipse accipiebat exercitium potestatis ordinis episcopalis et exercitium potestatis regendi seu potestatis iurisdictionis (sicuti nos hodie diceremus). E contra habita consecratione episcopali absoluta potestas sacra « vacua » habebatur: nec potestas ordinis potuit exerceri legitime, nec iurisdictio exercenda habebatur.

Habemus igitur ex una parte praxim Ecclesiae antiquae habendi collatum cum consecratione episcopali pro determinata ecclesia particulari officium episcopale, scilicet exsecutionem non tantum potestatis ordinis, sed etiam potestatis regendi in Ecclesia, non autem collatum hoc officium cum consecratione episcopali absoluta, quae tamen simpliciter invalida

Praenotanda historica

(id est ac si omnino nihil esset factum) haberi nequit. Ex altera parte habemus praxim Ecclesiae hodiernam, secundum quam cum consecratione episcopali qua tali non confertur iurisdictio, quae exerceri potest. Consecratio episcopalis autem semper confert potestatem ordinis eiusque exercitium validum.

Praxis Ecclesiae antiqua et hodierna ad principia reduci debet, quae utramque praxim explicant. Ea de causa dicere possumus: Habita ratione praxis Ecclesiae antiquae et hodiernae, habita insuper ratione doctrinae communis Ecclesiae episcopatum esse officium divinitus constitutum ad regendum in Ecclesia, iure hic supponimus officium episcopale regendi in Ecclesia conferri per consecrationem episcopalem, consecrationem autem episcopalem qua talem non conferre iurisdictionem exercendam. Hoc significat, quod potestas regendi in Ecclesia etiam in subiecto concreto collatione officii episcopalis sacramentaliter constituitur, ipsa autem iurisdictio exercenda collatione divina officii episcopalis non habetur. Notamus explicite, quod non intendimus haec hic probare, sed haec hic supponimus, scilicet supponimus, quod officium episcopale regendi in Ecclesia sacramentaliter confertur. Quod constituitur per consecrationem episcopalem constans est traditio Ecclesia inde ab initio, quae per evolutionem distinctionis reflexae potestatis sacrae in potestatem ordinis et potestatem iurisdictionis non aufertur, etsi ab hoc tempore aliquam explicationem exigit [12]. De cetero illa quae hic dicentur, de se sunt independentia a *modo* [13], quo officium episcopale divinitus institutum et conferendum per subiectum acquiritur.

Hisce praenotatis et praesuppositis itaque dicimus:

Officium episcopale regendi in Ecclesia subiecto concreto confertur per consecrationem episcopalem; ad exercendum autem officium regendi in Ecclesia requiritur coordinatio potestatis regendi divinitus constitutae et sacramentaliter collatae cum potestate regendi aliorum Episcoporum; haec coordinatio ad Romanum Pontificem spectat.

2. DE SUBSTANTIA OFFICII EPISCOPALIS EIUSQUE EFFICACITATE

Episcopatus est officium divinitus constitutum « pascendi gregem Dei » (1 Petr. 5, 2) seu « regendi Ecclesiam Dei » (Acta Ap. 20, 28). Hinc officium episcopale constituitur « *officio* » pascendi gregem Dei et *potestate* ad hoc munus implendum necessaria, id est potestate regendi Ecclesiam Dei. Officium episcopale imprimis est « officium » seu obligatio, et propter « officium » ipsi inhaeret potestas. Haec

De substantia officii episcopalis

potestas est *potestas Christi* Domini Ecclesiae concredita. Ea de causa officium episcopale iure habetur tamquam plenitudo sacerdotii [14]. In hac plenitudine sacerdotii igitur continetur non tantum potestas ordinis, sed etiam, immo praesertim, potestas regendi in Ecclesia. Haec potestas regendi in Ecclesia se refert ad Ecclesiam universalem, saltem quatenus Episcopus agit (in Concilio Oecumenico) in communione cum aliis Episcopis. Modo speciali autem haec potestas regendi in Ecclesia refertur ad ecclesiam particularem, id est communitatem in Ecclesia seu partem Ecclesiae universalis [15]. Proinde consecratione episcopali rite peracta omnia elementa essentialia constitutiva officii episcopalis habentur; hinc officium episcopale in subiecto concreto est exsistens quoad substantiam, quoad esse intentionale, quoad structuram internam.

Structura interna officii episcopalis habetur ex eius ordinatione ad cultum celebrandum, ad fideles (praesertim per sacramenta) sanctificandos, ad doctrinam a Christo Domino Ecclesiae traditam custodiendam et docendam, ad praecepta a Christo Domino Ecclesiae relicta imponenda et applicanda necnon ad omnia, quae ad habenda haec bona supernaturalia necessaria vel convenientia sunt. Referuntur igitur ad structuram internam officii episcopalis facultates (potestates, iura) et « officia » officio episcopali propria; facultates et « officia » habentur secundum esse intentionale, id est, quatenus constituuntur relationibus intentionalibus ad baptizatos, quae per bona supernaturalia modo indicata determinantur. Vere igitur haec substantia officii episcopalis per consecrationem episcopalem rite peractam constituitur. (In sequentibus loquentes de officio episcopali praesertim nos referimus — etsi utique potestas Ecclesiae secundum supra exposita constituit unitatem — ad facultates (potestates, iura) docendi et gubernandi in Ecclesia, id est ad elementum iurisdictionale officii episcopalis. Tales potestates hic breviter designamus tamquam officium episcopale seu potestatem regendi).

Efferendum igitur est hanc potestatem regendi referri ad structuram internam socialitatis humanae supernaturaliter elevatae. Haec enim potestas habetur in subiecto concreto, in persona concreta, constituit qualitatem personae consecratae. Subiectum concretum consecratione episcopali consecratur seu sanctificatur activitate Christi Domini ad munera episcopalia exercenda; ea de causa subiecto ad hoc sanctificato haec potestas imprimitur cum charactere episcopali, cui inhaeret. Sicuti iura fundamentalia baptizatorum secundum substantiam inhaerent characteri baptismali, ita potestas regendi in Ecclesia secundum substantiam inhaeret characteri episcopali. Sicuti iura fundamentalia baptizatorum secundum substantiam habentur ex unione cum Christo per baptisma constituta, ita potestas regendi

De substantia officii episcopalis

in Ecclesia secundum substantiam habetur participatione in potestate sacra Christi mediatoris Novi Testamenti per consecrationem episcopalem constituta. Sicuti iura fundamentalia baptizatorum secundum substantiam habentur in signo rationis antecedenter ad Ecclesiam societatem humanam, ita talis potestas regendi secundum substantiam habetur in signo rationis antecedenter ad Ecclesiam societatem humanam; sacramenta enim sunt actiones vicariae Christi.

Hinc potestas indolis supernaturalis, in specie etiam potestas regendi Episcopi, secundum substantiam vere confertur in consecratione episcopali tamquam actione vicaria Christi in signo rationis antecedenter ad Ecclesiam societatem humanam; attamen ad Ecclesiam societatem humanam talis potestas ordinatur.

Vere, talis potestas est exercenda in Ecclesia societate humana. Haec potestas constituta secundum structuram internam — sicuti quaevis facultas agendi socialiter inter homines, qui constituuntur anima et corpore — exerceri nequit, quamdiu caret structura externa. Etiam et praesertim ratione potestatis regendi Episcopi seu potius ratione exercitii potestatis regendi structura interna socialitatis *structura externa* seu organisatione carere nequit. Vita interna Ecclesiae et vita eius externa — quatenus haec habetur in activitate sociali et iuridica — unitatem constituunt; vita eius interna activitate externa completur,

De structura metaphysica officii episcopalis

ut sit vita vere humana; activitate externa vita interna ad extra traducitur, manifestatur, perficitur, operatur.

Hinc officium episcopale in consecratione collatum secundum structuram internam exigit structuram externam, qua *in Ecclesia incorporatur*. Hoc officium enim est exercendum in Ecclesia, in qua alii habentur Episcopi eadem potestate gaudentes. Deficiente ordine quoad officium exercendum ex parte eorum hoc exercitium non est in bonum totius socialis, quod Ecclesia constituit, non est in aedificationem Corporis Christi, sed in destructionem. Ergo requiritur coordinatio exercitii potestatis omnium Episcoporum in ordine ad regendum in Ecclesia, in ordine ad bonum commune Ecclesiae habendum. Requiritur *communio omnium Episcoporum*, qui in Ecclesia potestatem episcopalem exercent. Sicuti coordinatio requiritur baptizatorum ratione activitatis eorum in finem supernaturalem ordinandae, ut exercitium iurium fundamentalium eorum ordinis naturalis et supernaturalis efficaciter haberi possit, ita coordinatio requiritur etiam, ut exercitium potestatis episcopalis ex parte omnium Episcoporum pacifice et efficaciter haberi possit in bonum commune Ecclesiae, in aedificationem Corporis Christi.

Hinc est, quod consecratio episcopalis qua talis non sufficit, ut consecratus potestatem episcopalem in Ecclesia actu exerceat; constitutio et collatio potestatis regendi in Ecclesia

De substantia officii episcopalis

qua talis non sufficit ad exercendam hanc potestatem. Etsi officium episcopale quoad substantiam et exsistentiam habetur per consecrationem episcopalem, constitutione divina et collatione sacramentali qua tali officii episcopalis quoad substantiam non efficitur communio cum aliis Episcopis. Bonum commune Ecclesiae qua societatis humanae — quatenus ipsa est societas, quae vitam externam, organisationem habet tamquam partem essentialem vitae eius stricte conexam cum vita interna — exigit, ut collatio officii episcopalis per consecrationem habenda sit ab Ecclesia recognita in ordine ad exercendum officium in Ecclesia; tali recognitione communio cum aliis Episcopis et coordinatio exercitii potestatis consecrati cum exercitio potestatis ex parte omnium aliorum Episcoporum efficitur. Deficiente hac recognitione collationi respective receptioni officii episcopalis in ordine ad exercendum hoc officium in Ecclesia deficit « forma canonica », quae ratione boni communis exigitur. Deficiente hac « forma canonica », scilicet recognitione collationis officii episcopalis ex parte Ecclesiae, officium episcopale de se rite constitutum per consecrationem episcopalem secundum substantiam et exsistentiam, secundum structuram internam, caret structura externa in Ecclesia iure *debita*; qua deficiente ex toto constitutum hoc officium non est, ita ut efficaciter non habeatur neque exerceri valeat.

De structura metaphysica officii episcopalis

Sine dubio consecratio episcopalis, tamquam causa efficiens officii episcopalis, non tantum structuram internam officii episcopalis creat, sed etiam eius structuram externam creare valet; immo etiam quoad officium episcopale structura externa est structurae internae ad extra traductio et efformatio, ita ut de se causalitas consecrationis quoad officium episcopale eo ipso etiam ad structuram externam officii episcopalis creandam extendatur. Attamen Ecclesiae est, tamquam societatis indolis organisatoriae, cui omnes institutiones ordinis supernaturalis sunt concreditae, coordinare exercitium potestatis ex parte omnium Episcoporum, ut ordo et pax vitae Ecclesiae instauretur et servetur. Hinc Ecclesiae est *recognoscere* collationem (per consecrationem episcopalem) officii episcopalis in ordine ad incorporandum Episcopum consecratum in hierarchia Ecclesiae, ita ut deficiente hac recognitione consecrationis episcopalis officio episcopali deficiat efficacitas iuridica, id est efficacitas in Ecclesia societate externa et iuridica. Ecclesia igitur non recognoscendo efficacitatem iuridicam officii episcopalis impedit, ne causalitas consecrationis episcopalis quoad potestatem episcopalem se extendat ad structuram externam potestatis episcopalis. Etsi igitur Ecclesia afficere nequit causalitatem ipsius consecrationis episcopalis qua talem — utpote ipsa est actio vicaria Christi — hanc causalitatem afficere potest, hanc causalitatem de-

De substantia officii episcopalis

bet posse afficere, in quantum talis causalitas vitam externam, socialem, iuridicam Ecclesiae tangit, id est, in quantum potestas episcopalis quoad substantiam collata, est exercenda in Ecclesia societate externa et iuridica, seu in quantum talis causalitas vitam externam, socialem, iuridicam Ecclesiae tangit, id est, in quantum potestas episcopalis quoad substantiam collata, est exercenda in Ecclesia societate externa et iuridica, seu in quantum talis potestas fit efficax. Ea de causa eo, quod non recognoscitur efficacitas potestatis episcopalis de se in consecratione episcopali quoad substantiam collatae, ab extra ponitur obstaculum, ne structura interna officii episcopalis se traducat ad extra; consequenter structura externa officii episcopalis se efformare nequit.

Deficiente structura externa officii episcopalis huic officio deest suum « corpus »; deficit elementum essentiale, ita ut officium ex toto constitutum non sit in subiecto concreto, quamvis quoad substantiam, quoad structuram internam habeatur. Hac ratione igitur recognitio collationis officii episcopalis ex parte Ecclesiae non est causa efficiens potestatis, quae potius per consecrationem episcopalem constituitur; recognitio collationis officii episcopalis est *condicio* implenda ad *efficacitatem* iuridicam collationis officii et consequenter ad efficacitatem ipsius officii habendam; et quidem haec condicio est essentialis, quia ipsa non impleta obstaculum habetur, ne elementum essentiale, scilicet structura externa, officii episcopalis se efformare valeat. Verum itaque est etiam quoad officium episcopale, quod de se structura externa se efformat eo ipso cum structura interna. Attamen eo quod statuitur necessitas impletionis condicionis essentialis, id est recognitionis ex parte Ecclesiae, urgetur necessitas adaptationis officii episcopalis ad Ecclesiam, urgetur necessitas *illius* structurae externae, qua sola officium episcopale in Ecclesia habetur incorporatum. Deficiente hac structura externa Episcopus non habet communionem cum hierarchia Ecclesiae, ita ut potestatem efficaciter exercere non valeat, ita ut officium episcopale ex toto constitutum non sit, ita ut officium episcopale simpliciter non habeatur. Obstaculum quoad efformandam structuram externam officii episcopalis causae efficienti officii episcopalis, id est consecrationi episcopali, igitur est extrinsecum, ita ut ad talem structuram habendam iam nihil aliud requiratur nisi impletio condicionis ab Ecclesia iure positae; condicione impleta causalitas consecrationis eo ipso extenditur ad structuram externam officii episcopalis creandam; habetur structura externa, habetur efficacitas iuridica, habetur officium episcopale ex toto constitutum.

Inde elucet, quod collatio officii episcopalis comparari revera potest cum collatione iurium fundamentalium ordinis supernaturalis subiecto concreto per baptisma [16]. Haec iura quoad

De substantia officii episcopalis

substantiam et exsistentiam, quoad esse intentionale et structuram internam, omni baptismate valido conferuntur; characteri enim baptismali inhaerent ideoque sunt inamissibilia. Attamen baptizati acatholici eo, quod ponunt obicem, scilicet defectum professionis fidei vel communionis cum Ecclesia, cum Ecclesia communionem non habent. Hinc iura eorum carent recognitione ex parte Ecclesiae, carent structura externa debita in Ecclesia societate externa et iuridica, ita ut ex toto constituta non sint. Proinde haec iura carent efficacitate, ita ut exerceri non valeant. Eo ipso autem, quod professio fidei et communionis cum Ecclesia fit, obstaculum removetur, ita ut talia iura ex toto constituantur.

Similiter Episcopus rite consecratus (per consecrationem episcopalem) potestatem regendi in Ecclesia sacramentaliter quoad substantiam obtinet; officium episcopale est exsistens, quatenus sacramentaliter collatum characteri episcopali inhaeret. Attamen propter defectum debitae communionis (ratione exercitii potestatis regendi) cum aliis Episcopis seu ratione defectus incorporationis in hierarchia regiminis officium episcopale debita structura externa in Ecclesia caret. Consequenter potestas episcopalis manet inefficax; exercitium potestatis regendi non habetur, ita ut revera dici possit et debeat; potestas episcopalis simpliciter non habetur.

De structura metaphysica officii episcopalis

Immo, vera aliqua ratione dici potest et debet: recognitio Episcopi ex parte Ecclesiae etiam affert aliquid ad officium episcopale in linea causalitatis. Non habetur aliquid, quod huic elemento in iuribus baptizatorum correspondet; tamen quoad officium episcopale hoc elementum requiritur, quia potestas regendi requirit subiecta tali potestati subdita. Hinc dicendum est: Etsi officium episcopale in subiecto concreto ex toto est constitutum, Episcopo tamen nondum est assignata ecclesia particularis seu populus determinatus ad potestatem exercendam. Deficiente *subiecto passivo* potestatis potestas, etsi est efficaciter collata, caret circumscriptione fidelium, in quos concrete ordinatur. Coordinatio exercitii potestatis omnium Episcoporum obtinetur eo, quod unicuique Episcopo assignantur proprii subditi, ita ut collisio cum exercitio potestatis aliorum Episcoporum non habeatur. Assignatio populi affert elementum ad exercendam potestatem necessarium; hac ratione talis assignatio rationem causae habet ad reddendam plene possibile exercitium potestatis, cuius causa efficiens adaequata est consecratio episcopalis.

3. De necessaria recognitione Episcopi ex parte Romani Pontificis

Restat igitur quaestio, quomodo recognitio officii episcopalis in Ecclesia habeatur, id est quomodo coordinatio exercitii potestatis episcopalis cum exercitio potestatis ex parte aliorum Episcoporum efficiatur, quomodo Episcopus consecratus in hierarchia regendi Ecclesiae incorporetur et communio cum aliis Episcopis habeatur.

Non potest esse dubium hanc recognitionem spectare ad Romanum Pontificem ratione officii primatialis. Si dicimus hanc recognitionem spectare ad Romanum Pontificem, non dicimus hanc recognitionem in quovis casu concreto fieri debere directe per ipsum Romanum Pontificem; potius dicimus non posse haberi talem recognitionem, quae non fit auctoritate Romani Pontificis, respective quae non fit etiam auctoritate Romani Pontificis.

Proinde possumus hic abstrahere a quaestione, utrum Romanus Pontifex potestatem habeat in Episcopos ratione capitis visibilis Ecclesiae universalis, an ratione capitis collegii Episcoporum. Ipse Romanus Pontifex utique est *caput collegii Episcoporum*. Hinc dici nequit coordinationem exercitii potestatis regendi Episcopi fieri per ipsum collegium Episcoporum, quin Romanus Pontifex partem habeat. Collegium enim Episcoporum non est sine Romano Pontifice tamquam eius capite. Hinc coordinatio exercitii potestatis Episcopi per collegium Episcoporum fieri non potest sine Romano Pontifice. Immo, quatenus Romanus Pontifex caput est collegii Episcoporum divinitus constitutum, potestas eius non constituitur per ipsum collegium Episcoporum. Romanus Pontifex igitur ageret qua caput collegii Episcoporum, nomine collegii Episcoporum, etiamsi mandatum explicitum et formale ex parte collegii Episcoporum non haberetur; ipse repraesentat collegium Episcoporum potestate divinitus constituta et collata subiecto potestatis primatialis.

Hoc supposito ad Romanum Pontificem spectat potestas recognoscendi Episcopum. Agitur enim de coordinatione exercitii potestatis regendi Episcopi consecrati cum exercitio potestatis regendi omnium Episcoporum in Ecclesia, et quidem quoad omnes causas regiminis. Requiritur igitur competentia in totam Ecclesiam seu in omnes ecclesias particulares necnon in omnes causas regiminis. Iamvero Romanus Pontifex habet *potestatem episcopalem immediatam, universalem* [17], scilicet in totam Ecclesiam, in omnes Episcopos, in omnes causas regiminis.

Altera ex parte haec Romani Pontificis potestas episcopalis non constituitur ad substituendam potestatem regendi Episcoporum divinitus constitutam et subiecto concreto per consecrationem episcopalem collatam [18]. Hinc

De recognitione Episcopi

Romani Pontificis potestas episcopalis constituitur ad coordinandum exercitium potestatis regendi Episcoporum.

Haec coordinatio imprimis in eo consistit, ut singulis Episcopis determinata pars Ecclesiae seu ecclesia particularis seu dioecesis attribuatur, cum divisio concreta Ecclesiae in ecclesias particulares certo non sit iuris divini [19]; deinde, ut normae statuantur omnibus Episcopis communes, quomodo potestas regendi in concreto sit exercenda, ut bonum commune Ecclesiae instauretur et servetur. Episcopus igitur obtinens recognitionem ex parte Romani Pontificis tali recognitione ecclesiam particularem obtinet necnon se obligat ad normas communes Ecclesiae quoad exercendam potestatem regendi servandas. Ita revera potestas regendi eius est coordinata cum potestate regendi aliorum Episcoporum ratione ecclesiae gubernandae necnon ratione causarum absolvendarum; ita revera ratione regiminis Episcopus habet communionem cum aliis Episcopis in Ecclesia potestatem regendi exercentibus, in quorum collegio ita est cooptatus et incorporatus.

Talis recognitio officii episcopalis est igitur *causa maior natura sua*, quia ipsa saltem etiam a Romano Pontifice procedere debet; saltem etiam potestas regendi Episcopi est coordinanda cum potestate regendi primatiali. Sunt enim plures causae maiores regiminis natura sua (confer can. 220 CIC); hinc deficiente

De structura metaphysica officii episcopalis

coordinatione exercitii potestatis regendi Episcopi cum potestate regendi primatiali coordinatio exercitii potestatis regendi Episcopi cum exercitio potestatis regendi aliorum, qui in Ecclesia iure divino ad potestatem regendi exercendam constituuntur, simpliciter non haberetur [20].

Breviter itaque dici potest et debet: Ex una parte supponitur collationem officii episcopalis subiecto concreto fieri per consecrationem episcopalem; ex altera parte supponitur institutio divina officii primatialis cum inhaerente vera potestate episcopali in totam Ecclesiam seu in omnes ecclesias particulares. Hinc nequit haberi officium episcopale ex toto constitutum subiecti concreti cum potestate regendi iuridice efficaciter exercenda in Ecclesia, quin subiectum talis officii a Romano Pontifice sit recognitum; secus enim potestas episcopalis Romani Pontificis in totam Ecclesiam seu in omnes ecclesias particulares esset illusoria. Proinde possibilitas concreta Episcopi non recogniti per Romanum Pontificem, qui officium episcopale iuridice efficaciter possideret, tandem aliquando logice ultimatim ad negationem potestatis primatialis Romani Pontificis perduceret. Non potest igitur esse Episcopus incorporatus in collegio Episcoporum, qui potestatem regendi in Ecclesia exercent, nisi sit recognitus a capite huius collegii, id est a Romano Pontifice. Hinc coordinatio potestatis regendi Episcopi cum potestate regen-

De structura metaphysica officii episcopalis

di primatiali est efficienda; habita hac coordinatione habetur coordinatio exercitii potestatis regendi Episcopi cum exercitio potestatis regendi aliorum Episcoporum, habetur incorporatio in collegio Episcoporum, habetur communio ratione regiminis cum aliis Episcopis.

Inde sequitur officio episcopali sacramentaliter constituto (per validam consecrationem episcopalem), non autem recognito per Romanum Pontificem, deesse elementum essentiale, scilicet *debitam* structuram externam in Ecclesia iure divino requisitam ad *bonum commune Ecclesiae* servandum, ad *unitatem* inter caput et membra collegii Episcoporum habendam, ad pacem et tranquillitatem vitae Ecclesiae continuo obtinendam, et ita ad communionem in Christo, ad caritatem Christi inter ecclesias particulares efficaciter instaurandam et conservandam. Proinde potestas regendi Episcopi, etsi valide consecrati, non recogniti a Romano Pontifice, ex toto non est constituta et hinc est inefficax; ipse exercitium potestatis regendi in Ecclesia non habet. Verum igitur est ipsum potestatem regendi seu iurisdictionem simpliciter non habere ullam. Ipse simpliciter non est constitutus Episcopus ad potestatem regendi in Ecclesia exercendam.

4. DE VARIIS STATIBUS IURIDICIS EPISCOPI VALIDE CONSECRATI

Hisce suppositis varii status iuridici Episcopi divinitus (per consecrationem episcopalem validam) constituti possibiles sunt.

Episcopus est valide constitutus (per consecrationem episcopalem validam): Ipse habet officium episcopale iuris divini sacramentaliter ipsi collatum; ipse habet potestatem regendi in Ecclesia quoad substantiam exsistens sine ullo exercitio huius potestatis; ipse habet iurisdictionem quoad substantiam, non autem efficaciter. Hic status est legitimus, ad normam can. 348 § 1, in *Episcopo titulari*, qui est valide consecratus cum debita facultate Romani Pontificis; hic status est illegitimus in Episcopo valide consecrato, sed sine debita facultate Romani Pontificis.

Episcopus consecratus accipit *missionem canonicam* ad normam can. 109 seu *institutionem canonicam* ad normam can. 332 § 1: Ipse ita obtinet exercitium potestatis regendi in Ecclesia per consecrationem episcopalem collatae seu accipit iurisdictionem exercendam in dioecesim; accipit etiam iurisdictionem (sive antecedenter sive consequenter ad iurisdictionem in dioecesim, confer supra notam 15) in Ecclesiam universalem (in Concilio Oecumenico) exercendam. Impleta enim est condicio essentialis iuris divini — quatenus recognitio Episcopi ex parte Romani Pontificis est causa

De statibus iuridicis Episcopi

maior natura sua — ad obtinendum exercitium potestatis regendi in Ecclesia per consecrationem episcopalem quoad substantiam collatae seu ad habendam iurisdictionem efficaciter eo, quod Episcopus recognitionem popotestatis regendi eius in Ecclesia a Romano Pontifice obtinuit.

Ipse Romanus Pontifex concedens institutionem canonicam vere est causa, a qua iurisdictio efficax Episcopi immediate derivatur, quatenus ipse confert elementum essentiale Episcopo necessarium ad iurisdictionem *efficacem* habendam. Romanus Pontifex enim concedens Episcopo recognitionem peragit coordinationem potestatis regendi eius cum potestae regendi aliorum Episcoporum in Ecclesia; huic coordinationi autem debetur, ut se efformare valeat structura externa potestatis regendi Episcopi eo, quod causa efficiens huius potestatis (scilicet consecratio episcopalis) efficax fiat etiam quoad structuram externam potestatis regendi creandam. Proinde recognitio Episcopi ex parte Romani Pontificis possibilem reddit efformationem elementi essentialis, ad potestatem regendi in Ecclesia efficaciter habendam necessarii. Immo, haec coordinatio per Romanum Pontificem fit eo, quod Episcopo confertur ecclesia particularis seu populus determinatus ad potestatem regendi in Ecclesia exercendam. Hac ratione igitur ex parte Romani Pontificis positive affertur elementum necessarium ad plene reddendum possibile exer-

De structura metaphysica officii episcopalis

citium potestatis per consecrationem episcopalem collatae, id est constituitur *subiectum passivum* huius potestatis. Hac ratione igitur vere dicendum est recognitionem Episcopi ex parte Romani Pontificis constituere causam, a qua iurisdictio exercenda Episcopi immediate derivatur [21].

Episcopus exercitio iurisdictionis prohibitus sive in poenam — excommunicationis (can. 2264) vel suspensionis (can. 2284) — sive simpliciter amittendo officium, quatenus est officium canonicum (can. 183 ss.): In quantum prohibitio exercitii iurisdictionis valorem actuum iurisdictionis non afficit, sed tantum liceitatem, in hoc contextu de ipsa sermo esse non debet. In quantum autem prohibitio valorem actuum iurisdictionis afficit: Episcopus non potest amittere ipsum officium episcopale, quatenus per consecrationem episopalem collatum est, seu amittere non potest ipsam potestatem regendi in Ecclesia quoad substantiam (sicuti baptizatus non potest amittere ipsa iura fundamentalia ordinis supernaturalis ipso valido baptismate quoad substantiam constituta); amittit autem omne exercitium potestatis regendi in Ecclesia sacramentaliter collatae, ita ut tale exercitium illegitime attentatum iuridice omni efficacitate careat et hac ratione sit invalidum. Status iuridicus talis Episcopi est status iuridicus Episcopi consecrati sine ulla iurisdictione efficaci. Et iam diximus talem statum posse esse legitimum vel illegitimum; legitimus est e. g. in Episcopo residentiali, qui renuntiavit officium (canonicum) et tunc ordinarie nominatur Episcopus titularis.

Porro hisce suppositis etiam bene explicatur *reservatio causae particularis* per Sanctam Sedem. Si agitur de causa, circa quam Episcopus de se iure divino esset competens, (id est circa quam potestas sacramentaliter quoad substantiam collata est per consecrationem episcopalem) reservatio causae, sive in casu particulari, sive generaliter, *exercitium* iuridice efficax potestatis regendi Episcopi, respective Episcoporum, suspendit ob rationes boni communis Ecclesiae; Romanus Pontifex enim tenetur providere bono communi Ecclesiae universalis, quod exigere potest suspensionem exercitii potestatis ratione habita circumstantiarum concretarum in diversis partibus Ecclesiae.

5. DE FACULTATIBUS OFFICIUM EPISCOPALE IURE DIVINO CONSTITUENTIBUS

Si igitur quaeritur, quales facultates potestas regendi Episcopi divinitus constituta et sacramentaliter collata comprehendat, dicendum videtur: Haec potestas regendi comprehendit facultates, quae ad regimen in Ecclesia, et in specie ad regimen ecclesiae particularis, secundum communiter contingentia requiruntur; ad hoc enim officium episcopale iure divino constitutum est. Quaestio autem,

De structura metaphysica officii episcopalis

utrum haec vel illa potestas specifica partem essentialem officii episcopalis constituat necne, eatenus est minoris momenti practici, quatenus exercitium officii episcopalis totum quantum est coordinandum cum exercitio officii primatialis. Hinc rationes boni communis Ecclesiae universalis esse possunt, uti iam diximus, quae exigunt, ut causa aliqua specifica per supremam potestatem absolvatur. Habetur in hac suppositione *causa maior positiva lege* (can. 220).

Ita e. g. ad normam can. 1257 « unius Apostolicae Sedis est tum sacram ordinare liturgiam, tum liturgicos approbare libros ». Supposita sententia hic agi de causa maiore positiva lege, non natura sua (de qua quaestione hic abstrahere possumus), haec reservatio explicatur eo, quod in conditione actuali Ecclesiae bonum commune eius exigit, ut haec causa per Sanctam Sedem absolvatur [22].

Similiter supposita sententia Episcopis competere de se facultatem dispensandi a votis, reservatio aliquorum votorum explicatur eo, quod bonum commune Ecclesiae exigit, ut dispensatio a votis, quae ad normam can. 1309 sunt reservata, fiat per Sanctam Sedem; haberetur igitur causa maior positiva lege [23].

In utroque casu igitur Episcopi vi potestatis regendi in Ecclesia divinitus constitutae et sacramentaliter collatae haberent potestatem quoad substantiam et exsistentiam circa has causas, non haberent autem lege positiva exercitium huius potestatis; hac ratione exercitium potestatis eorum in hisce causis esset iuridice inefficax seu simpliciter invalidum [24].

6. DE OFFICIO EPISCOPALI REGENDI IN ECCLESIA COLLEGIALITER EXERCENDO

Episcopus a Romano Pontifice recognitus tali recognitione incorporatur in collegio Episcoporum, cuius caput est ipse Romanus Pontifex; hinc Episcopi cum ipso et inter se communionem habent. Iurisdictio efficax, quae Episcopis convenit, non tantum habetur in ecclesiam particularem singulis Episcopis concreditam, sed etiam in Ecclesiam universalem collegialiter cum aliis Episcopis exercendam, quatenus ad *Concilium Oecumenicum* vocandi sunt in eoque ius habent suffragii deliberativi (can. 223 § 1, 2). Exercitium potestatis regendi in Ecclesia collegialiter in Concilio Oecumenico habendum eodem modo est explicandum, sicuti hoc dictum est de exercitio huius potestatis in dioecesi: potestas in consecratione episcopali confertur quoad substantiam, attamen efficax redditur per recognitionem ex parte Romani Pontificis, qua Episcopus incorporatur in collegio Episcoporum ad exercendam potestatem regendi in Ecclesia collegialiter cum aliis Episcopis.

Prorsus eodem modo autem est solvenda etiam illa quaestio pluries discussa, qualis naturae sit potestas ab Episcopis titularibus exer-

De structura metaphysica officii episcopalis

citata in Concilio Oecumenico. Episcopi enim titulares « vocati ad Concilium, suffragium obtinent deliberativum, nisi aliud in convocatione expresse caveatur » (can. 223 § 2). Ipsi quidem de se iuridictionem efficacem in ecclesiam particularem non habent, propter (legitime) non habitam coordinationem potestatis regendi eorum cum aliis Episcopis. Attamen haec non-coordinatio potestatis regendi restringitur ad potestatem regendi ecclesiam particularem. Revera praesertim in Concilio Oecumenico potestas regendi ordinata ad Ecclesiam universalem quam maxime exercetur. Nihil igitur obstat, quominus potestas regendi Episcoporum titularium sacramentaliter quoad substantiam in consecratione episcopali collata, etsi quoad ecclesiam particularem efficax non est, efficax fiat in Concilio Oecumenico. Aliis verbis, Romanus Pontifex quoad potestatem exercendam in Concilio Oecumenico Episcopos titulares coordinat cum aliis Episcopis, ita ut etiam Episcopi titulares, si Concilio intersint, exerceant officium divinitus constitutum et sacramentaliter collatum quoad substantiam et exsistentiam, a Romano Pontifice recognitum in ordine ad Concilium Oecumenicum, ita ut hic efficaciter exerceri possit. Proinde iurisdictionem sensu modo explicato universalem, quam Episcopi residentiales ipsa institutione canonica obtinent, Episcopi titulares obtinent exercendam, quoad Concilium Oecumenicum, si ad ipsum vocantur.

De officio regendi collegialiter

Quod attinet alios modos exercendi potestatem regendi in Ecclesia collegialiter iure vigente (Codicis Juris Canonici) habentur *Concilia plenaria et provincialia* (can. 281-292). Fere non indiget mentione potestatem, quam Episcopi in talibus Conciliis collegialiter exercent quoad substantiam conferri in consecratione episcopali ipsamque efficacitatem obtinere cum recognitione Episcoporum ex parte Romani Pontificis necnon observatione normarum, quae quoad haec Concilia statuuntur a suprema auctoritate Ecclesiae. Quoad potestatem Episcoporum titularium in hisce Conciliis exercendam illa dicenda sunt, quae modo dicta sunt quoad Concilium Oecumenicum. Etenim in Concilio plenario et provinciali Episcopi titulares legitime ad tale Concilium vocati obtinent suffragium deliberativum (can. 282 § 1, 286 § 2).

Conferentiae Episcoporum ad normam can. 292 (CIC) componuntur Ordinariis locorum provinciae ecclesiasticae. Normae iuris communis circa tales Conferentias vix habentur. Attamen ultimis decenniis maius semper obtinuerunt momentum pro vita ecclesiastica, neque ad Episcopos provinciae ecclesiasticae restringuntur, sed potius ad Episcopos totius regionis extenduntur. Notandum est autem statuta harum Conferentiarum in tantum vim ligantem habere, in quantum in singulis dioecesibus per ipsum Ordinarium loci promulgantur. Conferentia Episcoporum enim in provincia vel regione iurisdictione non gaudet.

Evolutio vitae socialis nostris diebus sine dubio dispositiones canonicas pro tota aliqua regione tamquam convenientes vel necessarias exigere potest. Revera saepius in sessionibus primae periodi Concilii Vaticani II. de talibus Conferentiis Episcoporum sermo fuit; praesertim in votis Patrum fuit, ut Conferentiae Episcoporum facultatem habeant statuendi ius particulare regionis quoad res illas, quae solutionem universalem excludunt aut inopportunam reddunt.

Quod attinet quaestionem principii, videtur de se nihil obstare, quominus tales facultates Conferentiis Episcoporum attribuantur. Hoc supposito potestas exercenda in Conferentiis Episcoporum explicanda est, sicuti hoc modo dictum est de Conciliis plenariis et provincialibus, ad quae tales Conferentiae ita constitutae fere accederent. Notandum est autem in hac suppositione etiam statuta Conferentiae Episcoporum vere ligare totam regionem neque discretioni singulorum Episcoporum relictum esse, utrum talia statuta in propria dioecesi promulgare velint necne [25].

7. De officio episcopali Patriarchae, Primatis, Metropolitae

In Ecclesia Latina iure vigente (can. 271 CIC) Patriarchae et Primates qua tales iurisdictione non gaudent. Metropolita seu Archiepiscopus illis facultatibus gaudet, quae taxative indicantur in can. 274 CIC. Attamen in Ecclesia Orientali Patriarcha vera iurisdictione gaudet [26]. Quaestiones, quae hac ratione habentur, non indigent, ut in hoc contextu tractentur. Quaerimus tantum, quomodo explicanda sit potestas regendi talis praelati, qui tamquam subiectum passivum potestatis plures ecclesias particulares habet, hinc etiam Episcopos, qui talibus dioecesibus praesunt.

Quod attinet in specie potestatem, qua gaudet *Patriarcha Orientalis*, haec sine dubio evolutione historica se evolvit et ita in traditione vere antiqua fundatur. Neque ullum est dubium Sanctam Sedem potestatem in tali traditione fundatam quam maxime revereri et agnoscere. Attamen structura metaphysica huius potestatis non est alia ac quaevis talis potestas regendi episcopalis in Ecclesia. Agitur etiam hic de potestate regendi in Ecclesia sacramentaliter collata (per consecrationem episcopalem), quae *recognitione Romani Pontificis* quoad exercitium coordinatur cum iure regendi aliorum Episcoporum non tantum pro regimine in propria dioecesi Patriarchae, sed etiam, infra limites iuris, pro regimine patriarchali quoad totum territorium patriarchatus eiusque Episcopos et fideles. Hinc nobis videtur omnes ulteriores quaestiones, e. g. utrum agatur de privilegio, an ipsa evolutio historica potestatis constituat ex se titulum iuridicum potestatis patriarchalis, esse hac ratione minoris momenti [27]. Quidquid enim sit de talibus quaestionibus, tandem aliquando quaevis solutio ad ultimum fundamentum reducenda est, id est haec potestas quoad substantiam habetur per consecrationem episcopalem, quoad efficacitatem habetur obtenta recognitione Patriarchae qua talis ex parte Romani Pontificis.

Non indiget itaque ulteriore explicatione etiam potestatem *Metropolitae* talem structuram habere. Idem dicendum est de quovis praelato in Episcopum consecrato, ut potestatem regendi ita ipsi collatam in plures dioeceses exerceat. Immo, de se non videtur esse ulla difficultas, quod praelatus in Episcopum consecratus qua Episcopus constituitur ad regimen exercendum in certum coetum fidelium, sicuti hoc revera fieri solet interdum quoad fideles rituum Orientalium, qui in territorio Latino versantur.

8. Solutio difficultatum

De origine historica interventus Romani Pontificis in institutione Episcoporum

Contra explicationem hic propositam obiici posset de interventu Romani Pontificis in institutione Episcoporum per plura saecula sermonem esse non posse. Hoc factum utique non est negandum. Inde autem nihil deduci potest contra assertum institutionem Episcopi esse

Solutio difficultatum

causam maiorem natura sua, et quidem ratione coordinationis necessariae potestatis regendi Episcopi cum potestate regendi aliorum Episcoporum necnon cum potestate primatiali Romani Pontificis.

Imprimis efferendum est Ecclesiam semper exegisse *recognitionem Episcopi* modo tunc temporis habito legitimam [28]. Ita constat Ecclesiam primis saeculis potestatem regendi tradidisse per manus impositionem, hanc autem manus impositionem de se non valuisse ad potestatem receptam legitime exercendam; ad hoc potius insuper requirebatur incorporatio Episcopi in hierarchia regendi Ecclesiae seu coordinatio Episcopi cum aliis Episcopis. Episcopus non recognitus legitime potestatem regendi exercere non poterat [29]. Modus legitimus talis recognitionis primis saeculis traditione seu *consuetudine* constituebatur, ad quam qua talem iam Concilium Nicaenum I. (325) appellavit [30]. Ipsum Concilium Nicaenum I. *legem* [31] hac de re constituit; hinc modus talis recognitionis (id est per Episcopos provinciae ecclesiasticae eiusque Metropolitam) suprema auctoritate ecclesiastica, quae non est sine Romano Pontifice, sancita fuit.

Quo magis autem Ecclesia se extendebat et vita eius evolvebatur necnon actu in totam vitam socialem influebat, et altera ex parte principes saeculares influxum in constituendos Episcopos quaerebant, eo magis se imponebat necessitas interventus officii primatialis pro coor-

De structura metaphysica officii episcopalis

dinatione omnium eorum, qui regimen in Ecclesia exercent. Ipsae vicissitudines, quas constitutio Episcoporum medio aevo habebat, quae saepe a Romanis Pontificibus tamquam contrariae dispositionibus canonicis denuntiatae et impugnatae fuerunt, probant necessitatem talis interventus Romani Pontificis ad bonum commune Ecclesiae, ad independentiam defendendam regiminis Ecclesiae a potestate saeculari [32].

Ea de causa non-exercitium praerogativae officii primatialis hac in re non probat hanc praerogativam primatialem ipsam non fuisse. Nequidem tale non-exercitium huius praerogativae explicari debet tamquam concessio tacita aliis facta (e. g. Episcopis provinciae ecclesiasticae); potius simpliciter conditio Ecclesiae primis saeculis non postulavit interventum Romani Pontificis, quem conditio Ecclesiae postea omnino postulavit. Hoc sensu evolutio historica non creavit hanc praerogativam officii primatialis, sed potius illam manifestavit.

Res igitur ita se habebat, quod Episcopus canonice rite constitutus (secundum normam tunc temporis vigentem), scilicet per consecrationem episcopalem pro determinata ecclesia particulari, obtinebat potestatem regendi in Ecclesia non tantum quoad substantiam et exsistentiam, sed cum consecratione obtinebat etiam efficacitatem potestatis regendi, quia cum recognitione legitima structura externa

Solutio difficultatum

potestatis episcopalis se efformabat; ad regendum enim in Ecclesia Episcopus constituitur. Episcopus ita promotus ideoque etiam exercitium potestatis regendi habebat. Attamen constituta necessitate interventus Romani Pontificis pro missione canonica Episcopi habenda ad ecclesiam particularem, defectus huius interventus seu recognitionis potestatem regendi Episcopi iuridice reddit inefficacem; talis potestas enim caret structura externa in Ecclesia legitime postulata, immo iure divino fundata, quatenus requiritur coordinatio potestatis episcopalis cum potestate primatiali Romani Pontificis. Hinc potestas episcopalis exerceri nequit, quamdiu defectus recognitionis officii episcopalis ex parte Romani Pontificis perdurat. Habetur igitur in hoc casu progressus dogmaticus *subiectivus*, qui evolutione vitae Ecclesiae se imponebat [33].

De separabilitate potestatis iurisdictionis ab officio episcopali sacramentaliter conferendo

Porro difficultas moveri posset per consecrationem episcopalem vere non conferri potestatem iurisdictionis, sed « in gradibus iurisdictionis aliquis constituitur canonica missione » (can. 109). Quae difficultas magis urgeri potest facto, quod potestas iurisdictionis sive primatialis, sive episcopalis haberi potest etiam in subiecto nondum consecrato in Episcopum, immo potestas iurisdictionis iterum

De structura metaphysica officii episcopalis

auferri potest, etiam ab Episcopo consecrato, dum potestas ordinis consecratione episcopali obtenta est inamissibilis.

Dici posset hanc difficultatem directe non tangere assertum nostrum principale, scilicet officium episcopale divinitus subiecto collatum non sufficere ad hoc officium exercendum; ad officium exercendum insuper requiritur, ut ipsum sit recognitum ex parte Romani Pontificis. A modo autem, quo officium divinitus confertur, de se abstrahere possemus [34].

Attamen vere vix non est certum, quod in collatione officii episcopalis divinitus conferendi partem habet essentialem impositio manuum seu consecratio episcopalis; hac ratione officium episcopale sacramentaliter confertur. Itaque vere, etiam supposita sententia officium episcopale divinitus conferri per consecrationem episcopalem, difficultas indicata solvi potest. Factum enim, quod iurisdictio Romani Pontificis et Episcopi haberi potest antecedenter ad consecrationem episcopalem, aliqua explicatione indiget.

1. Sine dubio iure vigente promovendus ad episcopatum per institutionem canonicam, quae a Romano Pontifice datur, *Episcopus* ecclesiae particularis constituitur (can. 332 § 1). Altera ex parte exercitium validum potestatis in dioecesim ante canonicam captionem possessionis non habetur ullo titulo (can. 334 § 2). Ordinarie igitur inter institutionem canonicam et captionem possessionis habetur consecratio

Solutio difficultatum

episcopalis, quam promotus ad episcopatum intra tres menses a receptis apostolicis litteris omnino recipere tenetur, ita ut captio dioecesis saltem infra quattuor menses ab institutione haberi debeat (can. 333). Proinde ipsa potestas in dioecesim promoti ante consecrationem episcopalem et captionem possessionis est potius res theoretica quam practica. Hac ratione etiam iure vigente potestas regendi practice non habet momentum in subiecto non consecrato in Episcopum. Proinde hoc sensu etiam hodie perdurat praxis Ecclesiae inde a tempore Apostolorum, qua exercentes potestatem episcopalem regendi impositionem manuum antea receptam habebant [35]. Deinde habebatur per saecula prohibitio explicita consecrationis episcopalis absolutae, ita ut absolute consecratus non haberet ullam exsecutionem potestatis receptae, quae exsecutio attentata saltem quoad potestatem regendi invalida fuisset [36]. Ita manifestatur Ecclesiam illo tempore, id est toto primo millenio, non concepisse potestatem episcopalem regendi in subiecto nondum consecrato in Episcopum.

Etsi itaque iure vigente iurisdictio in promoto ad episcopatum haberi potest antecedenter ad consecrationem episcopalem, dicendum est talem condicionem non esse per se, non esse regularem. Vere enim ante consecrationem episcopalem officium episcopale, quatenus est officium iuris divini et sacramentaliter conferendum subiecto, ex toto constitutum non est. Hinc ex tali condicione, quae est vere per accidens, *structura metaphysica* officii divinitus constituti et sacramentaliter conferendi subiecto erui nequit.

Potest autem dici iurisdictionem in dioecesim, quae forte ante consecrationem episcopalem in subiecto habetur, utique vere haberi ad gubernandam dioecesim, ipsam potestatem regendi episcopalem autem, quatenus divinitus constituitur tamquam aliquod unum et totum continens etiam potestatem ordinis, et quae ita est conferenda sacramentaliter subiecto, adhuc carere fundamento ontologico, scilicet sacramentali, cui inhaeret seu charactere episcopali, et consequenter carere « *substrato* », scilicet ipsa sua substantia sacramentaliter conferenda. Episcopus igitur gradum suum in hierarchia iurisdictionis vere obtinet missione canonica; missio canonica autem de se et ordinarie efficacem reddit potestatem regendi quoad substantiam et exsistentiam sacramentaliter collatam.

Porro notandum est, quod praecise quoad consecrationem episcopalem praxis antiqua etiam hodie perdurat, quatenus nempe etiam nunc Episcopus semper consecratur ad titulum ecclesiae particularis, etsi haec forte (quoad Episcopos titulares) iam per saecula exstincta est. Inde clare elucet Ecclesiam semper habuisse et habere officium episcopale divinitus conferendum subiecto concreto, et quidem per consecrationem episcopalem.

Solutio difficultatum

2. Quod attinet potestatem primatialem *Romani Pontificis*, canonice electus praestito consensu « est verus Papa, atque actu plenam absolutamque iurisdictionem supra totum orbem acquirit et exercere potest »[37]. Neque in hoc contextu tractandae sunt quaestiones, quae se referunt ad obtinendam potestatem primatialem. Dici autem hic potest hac ratione nihil obstare sententiae propositae, secundum quam potestas episcopalis quoad substantiam sacramentaliter per consecrationem episcopalem confertur.

Vere, « Romanus Pontifex, legitime electus, statim ab acceptata electione, obtinet, iure divino, plenam supremae iurisdictionis potestatem » (can. 219). Attamen statim, « si electus nondum sit Presbyter vel Episcopus, ... ordinabitur et consecrabitur »[38]. Hac ratione etiam iure vigente unitas potestatis episcopalis Summi Pontificis, quatenus fundamentum sacramentaliter conferendum habet, effertur. Abstrahendo itaque ab eo, quod electus hodie generatim iam est Episcopus, etiam quoad Romanum Pontificem potestas primatialis consecratione episcopali nondum recepta est res practice non magni momenti.

Antiquitus vere, ratione fundamenti sacramentalis habendi potestatis regendi Romani Pontificis, creatio Summi Pontificis eodem modo considerabatur sicuti creatio Episcopi. Ex eo enim, quod ordinationes semper fiebant pro determinata ecclesia particulari, fere toto primo millenio translationes Episcoporum vix unquam habebantur [39]. Ea de causa etiam Pontifices Romani generatim electi sunt clerici (inferiores Episcopo) ecclesiae Romanae, etiam gradus diaconalis [40]. Ita quidem electione et acceptatione canonice peracta potestas iurisdictionis habebatur primatialis; attamen ipsa creatio Summi Pontificis demum cum consecratione episcopali considerata fuit perfecta [41]. Hinc etiam quoad Romanum Pontificem Ecclesia non concipiebat potestatem regendi ex toto constitutam in subiecto nondum consecrato in Episcopum [42].

Habita demum in Ecclesia distinctione reflexa inter potestatem ordinis et iurisdictionis quoad originem potestatis iurisdictionis primatialis excludenda erat omnis causalitas humana; in specie igitur immediatae actioni divinae attribuenda erat illa causalitas quoad originem potestatis primatialis, quae pro origine potestatis iurisdictionis Episcoporum per Romanum Pontificem habetur: Episcopus indiget incorporatione in collegio Episcoporum et coordinatione exercitii potestatis eius regendi per Romanum Pontificem, Romanus Pontifex caput collegii Episcoporum ab ipso Deo constituitur, a quo totam Ecclesiam gubernandam accipit [43].

Etsi itaque iure vigente iurisdictio primatialis in electo Summo Pontifice haberi potest antecedenter ad consecrationem episcopalem, dicendum est hanc condicionem non esse

Solutio difficultatum

per se, non esse regularem. Vere enim ante consecrationem episcopalem officium primatiale Summi Pontificis, quatenus est officium iuris divini sacramentaliter conferendum subiecto, ex toto constitutum non est. Hinc ex tali condicione, quae est vere per accidens, structura metaphysica officii primatialis perfecte constituti erui nequit.

Proinde canonice electus ad Summum Pontificatum ipsa electione eiusque acceptatione vere constituitur caput Ecclesiae omniumque Episcoporum et fidelium, ita ut tali constitutione divina electus totam Ecclesiam regendam accipiat. Hinc quoad constitutionem capitis hierarchiae Ecclesiae non habetur ulla causalitas humana, ita ut in supremo gradu hierarchiae subiectum constituatur immediate a Deo ipso cum acceptatione electionis canonicae [44]. Attamen quatenus potestas primatialis aliquod unum et totum constituit cum potestate ordinis, quatenus est potestas vere episcopalis inhaerens fundamento sacramentali, manifeste ante consecrationem episcopalem hoc suo fundamento ontologico, scilicet sacramentali, caret; id est ipsa caret « substrato » seu substantia sacramentaliter constituenda. Hac ratione potestas primatialis ante consecrationem perfecta non est, sicuti hoc iam elucet ex eo, quod ante consecrationem electus concedere posset iurisdictionem pro absolutione sacramentali, ipse autem — saltem si esset adhuc positus in ordine diaconali — absolvere

De structura metaphysica officii episcopalis

non posset sacramentaliter. Proinde officium primatiale Summi Pontificis, Episcopi ecclesiae Romanae et totius Ecclesiae, perfecte constituitur simul habita canonica electione et acceptatione eius cum consecratione episcopali subiecti.

CONCLUSIONES

Conceptione de structura metaphysica officii episcopalis hic proposita servantur servanda, explicantur explicanda, effertur fundamentum sacramentale totius Ecclesiae potestatis eiusque indoles simul christologica et ecclesiologica.

1. Servandum est ex una parte principium officium episcopale esse iuris divini et conferri divinitus subiecto concreto. Altera ex parte servandum est principium potestatem primatialem esse vere episcopalem in totam Ecclesiam omnesque pastores. Hinc institutio Episcoporum a Romano Pontifice independens esse non potest; porro possibilitas influxus iuridici Romani Pontificis in exercitium potestatis regendi Episcoporum, sive in casu particulari, sive per normam generalem, est necessaria ad unitatem Ecclesiae servandam, ad unitatem regiminis servandam, ad bonum commune Ecclesiae universalis instaurandum et conservandum. Haec servantur eo, quod ipsum *officium episcopale* vere habetur divinitus collatum subiecto concreto per consecrationem episcopa-

lem, seu potestas regendi in Ecclesia constituitur *sacramentaliter* quoad substantiam et exsistentiam in subiecto concreto; attamen potestatis regendi exercitium seu *iurisdictio efficax* ita non iam habetur in Episcopo, quamdiu ipsi deest recognitio per Romanum Pontificem seu institutio canonica ex parte Romani Pontificis.

2. Explicandum est, quomodo officium episcopale cum inhaerente potestate regendi in Ecclesia divinitus, scilicet consecratione episcopali, collatum esse possit, quin potestas regendi ita collata valide possit exerceri. Distinctio inter structuram internam et externam socialitatis humanae, etiam supernaturaliter elevatae, quae necessitate metaphysica se imponit, solutionem quaestionis praebet. Ipsa *potestas regendi in Ecclesia quoad substantiam* refertur ad structuram internam socialitatis humanae supernaturaliter elevatae. Structura interna socialitatis humanae supernaturaliter elevatae habetur per activitatem sacramentalem, per activitatem vicariam Christi Domini, ita ut ipsa constituatur in signo rationis antecedenter ad Ecclesiam societatem humanam ipsique sit inattingibilis. Revera episcopalis potestas regendi in Ecclesia quoad substantiam, quoad substratum ontologicum, secundum esse intentionale, habetur per activitatem sacramentalem, scilicet per consecrationem episcopalem; fundatur haec

potestas in charactere ordinis episcopalis, cui inhaeret.

Haec potestas sacramentaliter collata autem ordinatur ad Eclesiam societatem humanam, in qua est exercenda. Proinde *exercitium huius potestatis* indiget coordinatione cum exercitio potestatis regendi aliorum Episcoporum in Ecclesia, indiget incorporatione in hierarchia regendi Ecclesiae. Deficiente hac incorporatione potestas regendi in Ecclesia caret elemento essentiali, scilicet structura externa debita, ita ut ex toto constituta non sit nec exerceri valeat; officium episcopale iuridice efficaciter seu simpliciter non habetur.

Peragenda est incorporatio Episcopi in hierarchia Ecclesiae, in collegio Episcoporum, per *institutionem canonicam ex parte Romani Pontificis*, quatenus potestas primatialis tamquam fundamentum unitatis regiminis in Ecclesia ab ipso Christo Domino constituta est ad coordinandum exercitium potestatis regendi ex parte omnium Episcoporum in tota Ecclesia.

Confirmatur haec conceptio evolutione historica collationis officii episcopalis, quatenus una ex parte semper necessaria habebatur consecratio episcopalis simul cum recognitione consecrati secundum normam in Ecclesia tunc temporis vigentem legitime, quae nunc iam per saecula exigit, ut institutio canonica Episcopi fiat per Romanum Pontificem.

Tandem hac conceptione *simul explicantur*: potestas primatialis in tota Ecclesia exercen-

Conclusiones

da, in causis maioribus natura sua vel lege positiva, et potestas ab Episcopo residentiali in dioecesi exercenda; potestas Patriarchae et Primatis — in quantum habetur — necnon Metropolitae; constitutio Episcopi titularis iuris vigentis; exercitium collegiale potestatis episcopalis in Concilio Oecumenico, Conciliis particularibus et — de iure condendo, suppositis supponendis — in Conferentiis Episcoporum.

3. Effertur hac conceptione *subsistentia in se officii episcopalis sacramentaliter constituti* etiam in subiecto concreto, quatenus potestas etiam regendi Episcopi fundamentum habet ontologicum in charactere ordinis episcopalis — actione vicaria Christi Domini constituto — cui substratum huius potestatis tamquam esse intentionale inhaeret. Effertur *functio ecclesiologica huius potestatis,* quatenus effertur eius ordinatio ad Ecclesiam hierarchicam per *Romanum Pontificem* tamquam Christi Vicarium gubernandam *ad unitatem regiminis servandam, ad veram communionem et caritatem Christi inter ecclesias particulares* instaurandam et perficiendam; nam per Romanum Pontificem Episcopus in collegio Episcoporum est incorporandus ad habendum potestatis sacramentaliter receptae exercitium iuridice efficax.

Vere quoad officium episcopale « pascendi gregem Dei » (1 Petr. 5, 2) seu « regendi Ecclesiam Dei » (Acta Ap. 20, 28) non habetur haec alternativa: Potestas regendi in Ecclesia

De structura metaphysica officii episcopalis

episcopalis est *aut* per consecrationem episcopalem *aut* per Romanum Pontificem. Potius officium episcopale cum inhaerente potestate regendi in Ecclesia habetur *et per consecrationem episcopalem et per missionem canonicam ex parte Romani Pontificis*. Officium episcopale habetur *et per Christum Dominum* ita, ut in tali officio missio Apostolorum a Domino procedens et ab ipso Domino semper de novo sacramentaliter tradita perduret usque ad consummationem saeculi; *et per recognitionem consecrati ex parte Romani Pontificis*, Vicarii Christi, ita, ut exercitium potestatis regendi vere habeatur in communione cum omnibus Episcopis in Ecclesia pacificumque esse possit. Proinde elucet quam maxime officii episcopalis origo, natura, collatio, quatenus ad Christum Dominum est reducenda, simul cum eius ordinatione ad Ecclesiam, quatenus *officium episcopale constitutum est* « *in aedificationem Corporis Christi — quod est Ecclesia — in caritate* » (Eph. 4, 16; Col. 1, 24).

NOTAE

Introductio

[1] « Sacrorum Antistites ... ad propriam cuiusque Dioecesim quod spectat, veri Pastores assignatos sibi greges singuli singulos Christi nomine pascunt ac regunt; id tamen dum faciunt, non plane sui iuris sunt, sed sub debita Romani Pontificis auctoritate positi, quamvis ordinaria iurisdictionis potestate fruantur, immediate sibi ab eodem Pontifice Summo impertita ». Pius XII., *Litt. Enc. Mystici Corporis Christi*, Acta Apostolicae Sedis, 35, 1943, 211 s. Confer etiam textum Encyclicae eiusdemque commentarium editum a Sebastiano Tromp S. J., Textus et Documenta Pont. Univ. Gregorianae, series theologica, 26, Romae 1958[3], § 41, 15 (pag. 119 s.).

[2] *De principio subsidiaritatis in iure canonico*, Periodica de re morali canonica liturgica 46, 1957, 3 ss. *De publicitate iuridica statuum perfectionis Ecclesiae*, ibidem 47, 1958, 155 ss. *Die personale Struktur des Kirchenrechts*, Stimmen der Zeit, 164, Mai 1959, 121 ss. *De personalitatis moralis in iure canonico natura metaphysica*, Periodica de re morali canonica liturgica 48, 1959, 213 ss. *De effectu consensus matrimonialis naturaliter validi*, Miscellanea in memoriam Petri Cardinalis Gasparri, Romae, Pontificia Universitas Lateranensis, 1960, 119 ss. *De influxu Ecclesiae in iura baptizatorum*, Periodica de re morali canonica liturgica 49, 1960, 417 ss. *Das Recht in theologischer Sicht, katholische Auffassungen*, Staatslexikon, Herausgege-

ben von der Görres-Gesellschaft, 6. Band, Freiburg i. B. 1961[6], 621 ss. *De relatione inter officium episcopale et primatiale*, Periodica de re morali canonica liturgica 51, 1962, 3 ss. *De efficacitate consensus matrimonialis naturaliter validi*, ibidem 51, 1962, 288 ss. *Die rechtliche Natur der Zivilehe*, Jahrbuch des Instituts für christliche Sozialwissenschaften, Münster in Westfalen, 1962, 191 ss.

PARS PRIMA

[1] « Illae solae actiones vocantur proprie humanae, quarum homo est dominus; est autem homo dominus suorum actuum per rationem, et voluntatem... illae ergo actiones proprie humanae dicuntur, quae ex voluntate deliberata procedunt ». S. Thom., *S. T.* I II q. 1. a. 1. corp. « Homo factus ad imaginem Dei dicitur, secundum quod per imaginem significatur intellectuale, et arbitrio liberum, et per se potestativum... secundum quod et ipse est suorum operum principium, quasi liberum arbitrium habens, et suorum operum potestatem ». Ibidem, prologus. « Hoc nomen, intentio, nominat actum voluntatis, praesupposita ordinatione rationis ordinantis aliquid in finem ». Ibidem .q 12. a. 1. ad 3. « Sola autem natura rationalis creata habet immediatum ordinem ad Deum... natura autem rationalis, inquantum cognoscit universalem boni, et entis rationem, habet immediatum ordinem ad universale essendi principium. Idem, *S. T.* II II q. 2. a. 3. corp. « Unaquaeque intellectualis substantia est quodammodo omnia, in quantum totius entis comprehensiva est suo intellectu ». Idem, *S. c. g.* lib. III. cap. 112, 5. « Actus personales rationalis creaturae sunt proprie actus qui sunt ab anima rationali ». Ibidem cap. 113, 7.

[2] « Structura interna vitae socialis humanae consistit coniunctione hominum, quatenus suis actibus personalem perfectionem propriam simul cum toto

bono humano in ipsa personalitate fundato evolvunt ». G. GUNDLACH S. J., *Annotationes ad nuntium radiophonicum Pii XII. 24.12.1942*, Periodica de re morali canonica liturgica 32, 1943, 82. « Agnoscenda sunt obiectiva 'bona communia' (valores communes), quae teleologice structuram internam socialis vitae constituunt et pro eius spiritualitate in 'unitatem ordinis', sc. unius in multis, redigunt. Primum inter illa 'bona communia' obiectiva est personalitas humana ipsa eiusque perfecta evolutio, in qua est omnis hominis ut imaginis Dei finis internus. Hic valor non solum est primus, sed etiam fundamentum aliorum 'bonorum communium' (variorum valorum culturae et religionis) hoc sensu, quod omnia illa alia 'bona communia' et uniones illis correspondentes ad servitium humanae personae ipsiusque evolutionis destinantur, cum humana persona perficienda intentionaliter in illa alia bona realisanda secundum ipsorum obiectivam interdependentiam feratur ». Ibidem, 85. « Das Fundament der Gesellschaft liegt im Menschen als endlicher, personaler Geistsubstanz und als dem Ebenbild Gottes... Es ist das Wesen des Geistes, dass er unendlich ist, indem in ihm Sein und Wert in unendlicher Ganzheit offen und erschlossen sind. Doch dem menschlichen Geistwesen als einem endlichen ist jene Ganzheit nur potentiell und als Intentionalität und Ausgerichtetheit auf die unendliche Ganzheit des Seins und des Wertes eigen... Der Mensch verwirklicht nun jene Intentionalität immer nur in endlicher und individueller Weise, d.h. als ein im Materiellen, Räumlich-Zeitlichen existentes Geistwesen. Alles das zusammengenommen begründet seine Gesellschaftlichkeit und Geschichtlichkeit. Denn er ist um der vollkommeneren Verwirklichung jener Intentionalität willen innerlich aufgeschlossen für alle anderen Menschen, ja er ist für seine Selbstverwirklichung angewiesen auf das Mitsein mit anderen Menschen... Formal ist Gesellschaftlichkeit die innere Bezogenheit und Gegenseitigkeit der Menschen auf dem Boden des dargelegten ontologischen Fundaments. Die Gesellschaftlichkeit drückt die auf Grund der personalen Wertintentionalität gegebene Gemeinhaftung der Menschen für die Verwirklichung der Wertfülle des Menschseins aus ». Idem, in: *Gesellschaft*, Staatslexikon, Herausgegeben von der Görres-Gesellschaft, 3. Band, Freiburg i. B. 1959 [6], 819.

[3] « Origine e scopo essenziale della vita sociale vuol essere la conservazione, lo sviluppo e il perfezionamento della persona umana, aiutandola ad attuare rettamente le norme e i valori della religione e della cultura ». PIUS XII., *Nunt. radioph. 24. 12. 1942*, Acta Apostolicae Sedis 35, 1943, 12.

[4] « Intentionales Sein ist ein Akzidens endlichen geistigen Erkennens und Wollens. Die innerliche Verbundenheit der Personen in der Verwirklichung dieser intentionalen Werte ist von der gleichen Art. Das Sein jedes Sozialgebildes ergibt sich als ein 'intentionales" Sein ... als ein echtes Akzidens, das in den Personen selber, in der in ihrem geistigen Sein wurzelnden Sozialität seinen Ursprung hat und in der konkreten Lebendigkeit in erster Linie als normgerichteter Handlungszusammenhang der sozial verbundenen Individuen erscheint ». A. RAUSCHER S. J., *Subsidiaritätsprinzip und berufsständische Ordnung in 'Quadragesimo Anno'*, Münster 1958, 27 s. « Das gesellschaftliche Leben besitzt also ein wahres Sein, nämlich ein akzidentelles, intentionales Sein: Die gemeinsame geistige Bezogenheit der Personen auf den einigenden, gemeinsamen überindividuellen Wert ». Ibidem 39. « Die Relation verknüpft jeden individuellen Selbstand innerlich und notwendig mit den anderen Personen in der Wertverwirklichung. Jeder einzelne Mensch ist vom Grunde seines Wesens her intentional immer schon bei und mit allen anderen Menschen. Dieses gesellschaftliche Mitsein erstreckt sich nicht etwa bloss auf die Gegenwart. Auf Grund

Notae

der potentiellen Totalität ist der Mensch auch der Vergangenheit und Zukunft verhaftet, steht in dauerndem Bezug zur gesamten Menschheit». Idem, *Die Relation - Kategorie des Sozialen*, Jahrbuch des Instituts für christliche Sozialwissenschaften, Münster in Westfalen, 1962, 55.

[5] « Schliesslich ergibt sich, dass die Gesellschaftlichkeit als innere Koordination von Personen einschliesst, dass die Personen in ihrer wesentlichen geistig-substanzialen Ganzheit, Sichselbstzugehörigkeit und Selbstmächtigkeit Rechtssubjekt sind, ausgestattet mit der moralischen Kompetenz zu äusserer Freiheit und also Träger von Personrechten. Hier liegt die innere Verknüpfung menschlicher Gesellschaftlichkeit mit dem Naturrecht begründet ». GUNDLACH, *Gesellschaft* l. c. 819 s.

[6] « Seiner ontologischen Wahrheit nach ist der Leib Wesensteil des Menschen, gehört ebenbürtig zum vollen Menschen, gleichnotwendig wie die Geistseele. Er schenkt ihr den ihr zukommenden Wirkraum, ermöglicht ihre Entfaltung in Raum und Zeit, in der sichtbaren Welt ... Der Leib dient der Geistseele als ihr Gefäss, er gibt dem flutenden geistigen Leben den für sein Auswirken in Raum und Zeit unentbehrlichen, starken Rahmen. Aber nur wenn dieser Rahmen ausschliesslich vom Geist her erfasst und geprägt wird, Rahmen bleibt, sich nicht zum Selbstzweck erhebt und nicht seinen Inhalt, das geistige Leben, nach seinen Massstäben messen und vergewaltigen will, sondern in dienender Bereitschaft und Unterordnung, in helfender Selbstbescheidung bleibt, erfüllt er seine natürliche Bestimmung: dieser Wesensteil des Menschen zu sein und nicht etwas anderes ». RAUSCHER, *Subsidiaritätsprinzip* 21. « Die menschliche Person ist vielmehr der in der raumzeithaften Leiblichkeit werdende und wesende Geist. Die Geistseele entfaltet nicht noch 'weitere Sinnbezüge', sondern wirkt sich als menschlicher Geist

auch in organisch-sinnlichem Leben notwendig aus. Dieses kann deshalb niemals mit geistigem Leben in Widerspruch geraten, weil es selber der in Geschichtlichkeit sich verwirklichende Geist ist, zum Menschen als eigenartigem Ebenbilde Gottes in seiner Einheit und ontologischen Ganzheit gehört». Ibidem 29.

[7] « Agnoscendae sunt institutiones et uniones indolis organisatoriae, quibus relationes inter personas et physicas et morales ex structura interna vitae socialis resultantes in externum ordinem rediguntur. Hoc intrinsece necessarium est, quia agitur de vita sociali entium humanorum, i. e. ex anima et corpore compositorum et in spatio et tempore degentium». GUNDLACH, *Annotationes* l. c. 85. « Der äussere Aufbau bezeichnet das Organisiertsein der Gesellschaft und ihres Lebens. Hier liegt nicht etwas von aussen zum inneren Aufbau Hinzukommendes vor, sondern etwas, ohne das die menschliche Gesellschaft nicht Wirklichkeit und vor allem nicht die dynamische Wirklichkeit der Geschichte sein kann. Das Organisiertsein gesellschaftlichen Lebens ist die notwendige Projektion des inneren Gehalts der Gesellschaftlichkeit ins Körperliche, Räumlich-Zeitliche, d. h. ihre Verwirklichung». Idem, *Gesellschaft* l. c. c. 820. « Natürlich wirkt sich in dieser Bezogenheit des Menschen auch das bedingende Element der reinen Seinsmöglichkeit aus. Es tritt nicht zu der schon bestehenden Relation noch ' hinzu ', sondern verleiht ihr eine gleichsam körperlich-raum-zeitliche Dimension. Einmal sind es die Werte des Menschtums, auf deren Realisierung der potentiell totale Selbstand der menschlichen Person hingeordnet ist. Ehe und Familie, die Wirtschaft, Architektur, Musik, Wissenschaft — sie alle sind Menschtumswerte und besitzen als solche eine körperlich-raum-zeitliche Realität. Zum andern bedarf die intentional grundgelegte Gesellschaftlichkeit einer sozusagen körperlichen Orga-

nisierung, um zur menschlichen Gesellschaft zu werden. Staat, internationale, territoriale und berufliche Gemeinschaften, auch Ehe und Familie können ohne organisatorisch-rechtliche Struktur nicht bestehen. Schliesslich vollzieht sich die Aktuierung der intentionalen Bezüge nicht in äonaler Zeitlosigkeit, sondern in der geschichtlichen Zeitenfolge und im konkreten Raum». RAUSCHER, *Relation* l. c. 55 s.

[8] GUNDLACH, *Annotationes* l. c. 87.

[9] Confer PIUS XI., *Litt. Enc. Divini Redemptoris*, Acta Apostolicae Sedis 29, 1937, 78 s. PIUS XII., *Nunt. radioph. 24. 12. 1942*, l. c., 17-19. H. MEYER, *Sittlichkeit, Recht und Staat*, Paderborn 1960, 416 ss. Haec iura fundamentalia hominis directe fundantur in personalitate hominis; hinc sunt antecedenter natura sua ad societatem indolis organisatoriae, non tantum concretam, sed qua talem.

[10] Homo eo, quod directe in Deum ordinatur, constituit valorem absolutum, inviolabilem, in quo fundamentum valoris absoluti iurium fundamentalium habetur.

[11] « Reiciuntur (in nuntio radiophonico), qui structuram vitae socialis ex unionibus et institutionibus indolis organisatoriae seu ex ordine externo oriri faciunt et quidem ita, ut praeter ordinem externum ordinem internum socialis vitae non admittant, aut negent ordinem externum intrinsece necessario sequi ordinem internum, cuius sit necessaria efformatio ad extra (organisatio), cum de vita sociali entium compositorum, non pure spiritualium agatur. Ita: qui structuram socialis vitae eiusque causam formalem reducunt ad institutionem ordinis iuridici, ad Statum ut ad potentiam (vim) concentratam, ad formas organisatorias in genere ... Reiciuntur qui identificant vel confundunt ordinem internum socialis vitae cum ordine externo seu, quod idem est, non distinguunt inter bona (valores), circa quae et ob quae vita socialis constituitur et interne structuratur

vel variis unionibus diversificatur, et bonum organisatorium vitae socialis sive totalis sive particularis seu, quod idem est, confundunt 'bona communia' et 'bonum commune' non attendentes, 'bona communia' sc. obiectivos fines socialis vitae, e. g. in oeconomia, in scientia, in artibus, in religione, trahenda esse ad structuram internam socialis vitae, 'bonum commune' vero constituere finem obiectivum ordinis externi illius vitae, hinc dicere finalitatem organisatoriam, quae proin necessario supponat et sequatur id, quod organisandum sit, sc. vitam socialem eiusque structuram internam cum 'bonis communibus' (valoribus) et variis unionibus circa illa intentionaliter habitis». GUNDLACH, *Annotationes* l. c. 83 s.

[12] « Lex aeterna nihil aliud est, quam ratio divinae sapientiae, secundum quod est directiva omnium actuum, et motionum». S. THOM., *S.T.* I II q. 93. a. 1. corp. Confer etiam *De Veritate*, q. 23. a. 6.

[13] « Zu allem Organisatorischem gehören zwei Elemente: die Leitung und ein System von Regeln des Verhaltens. Auf dieser Linie treffen sich daher Gegebenheiten wie Autorität einerseits, positive Rechtsordnungen, Regeln der Sitte, des Brauchtums, der Konvention andererseits. Die Autorität und jedes andere Element der Macht und jede Regel des Verhaltens stehen immer im inneren Sinnbezug der die Gesellschaft begründenden und erfüllenden Wertintentionalität. Geht man ferner davon aus, dass die Wahrung des inneren Aufbaues der Gesellschaftlichkeit bei ihrer dauernden Aktuierung ein Anliegen aller als Personen und in diesem Sinn Gemeingut ist, so muss unabdingbar und vor allem auf diesen Punkt das Organisiertsein gesellschaftlichen Lebens immer eingestellt sein. Der so eingestellte und unmittelbar auf die Wahrung der Gesellschaftlichkeit als solcher gerichtete Einsatz von Leitung und Regeln des Verhaltens als organisatorische Funktion ist das Gemeinwohl ». GUNDLACH, *Gesellschaft* l. c. 820 s. *Bonum com-*

mune sensu technico igitur ad *organisationem* vitae socialis refertur.

[14] Status — sicuti omnis associatio indolis organisatoriae — natura sua habet rationem personae moralis. Etsi *persona moralis* agit per personas physicas, ipsa — quatenus constituit unitatem intentionalem et teleologicam — est subiectum iurium et officiorum. Confer studium auctoris: *De personalitatis moralis in iure canonico natura metaphysica*, Periodica de re morali canonica liturgica 48, 1959, 213 ss.

[15] *Bonum commune* igitur actuationi *bonorum humanorum communium* inservire debet. Bonum commune talem organisationem vitae socialis exigit, ut exercitium iurium omnium personarum — physicarum et moralium — pacifice et ordinate haberi possit: ordo et pax vitae socialis constituitur bono communi, quod inservit perfectioni personali omnium collective sumptorum.

[16] « Ordo iuridicus non est quasi vestis, quae hominum sociali vitae ab extrinseco advenit, sed est necessaria efformatio (organisatio institutiva) structurae internae socialis vitae, quae et quatenus est quidem vita spiritualis, at entium ex anima et corpore compositorum et necessario in spatio et tempore degentium. Hinc reiciendus est Positivismus iuridicus, qui internam et essentialem structuram socialis vitae negans, fontem ordinis iuridici ab extrinseco petit... Idem reicitur Positivismus iuridicus, qui unitatem internam ordinis iuridici destruit, cum huius unitatis ontologicum fundamentum, nempe structuram internam socialis vitae, non agnoscat... Claritas vera et securitas ordinis iuridici iuncta simul cum capacitate adaptationis, prout indoles realitatis modo insinuata requirit, solum ibi stabiliuntur, ubi ordinis iuridici fons in interna vitae socialis structura habetur; nam illa structura relationes stricte immutabiles, sed natura sua relationibus concretis mutabilibus semper applicandas et applicabiles continet...

Notae

Momentum ordinis iuridici pro vita sociali non satis efferendum; nam quaevis vera relatio iuridica servit libertati, unicuique personae sive physicae sive morali secundum proprium finem essentialem competenti; hinc organisando, realisationi structurae internae socialis vitae servit». GUNDLACH, *Annotationes* l. c. 89-92.

[17] Confer O. ROBLEDA S. J., *Nullitas actus iuridici in Codice Iuris Canonici*, Periodica de re morali canonica liturgica 35, 1946, 29 ss.

[18] «Indem der dem Tatbestand der Willenserklärung wesentliche Wille des Handelnden Rechtsfolgewillen genannt wird, wird zugleich zum Ausdruck gebracht, dass der Gegenstand des bewussten Strebens des Handelnden die Rechtsfolgen seines Aktes sind. Damit erledigen sich die früheren, viel erörterten Meinungen, die darauf hinzielten, dass der Handelnde nur tatsächliche oder wirtschaftliche Folgen zu erstreben brauche, während diese dann von der Rechtsordnung zu Rechtsfolgen gestaltet würden. Diese mit der oben schon erörterten Auslösungstheorie zusammenhängenden Anschauungen beruhten auf völligem Verkennen des Wesens der Privatautonomie als einer Funktion der Rechtssetzung». A. MANIGK, *Das rechtswirksame Verhalten*, Berlin 1939, 145. Confer quoad hanc quaestionem O. ROBLEDA S. J., *De conceptu actus iuridici*, Periodica de re morali canonica liturgica 51, 1962. 413 ss., praesertim 437 ss. Influxus associationis indolis organisatoriae in activitatem iuridicam personarum habetur, secundum illa quae diximus, in eius *efficacitatem* iuridicam. Hinc — diximus — impedita efficacitate iuris per talem societatem structura externa iuris constituendi, respective secundum substantiam constituti, non potest se efformare. Alii auctores etiam tenent associationem indolis organisatoriae posse impedire efficacitatem iuridicam actuum iuridicorum personarum, quia talis facultas iure naturali requiritur; attamen potius tenent

Notae

ita ne quidem affici ipsam structuram externam actuum iuridicorum; sufficere defectum recognitionis debitae ex parte associationis indolis organisatoriae, ut actus iuridicus sit quidem exsistens, sed iuridice inefficax.

[19] B. Durst O.S.B., *De characteribus sacramentalibus*, Xenia Thomistica II., Romae 1925, 541 ss.

[20] « Wie sein (Christi) persönliches Leben als Gottmensch die Vereinigung von Göttlichem und Menschlichem darstellt, so soll sein soziales Fortleben, unbeschadet der übergeordneten vollen Auswirkung des Göttlichen in Zeit und Raum, auch die volle Entfaltung des Menschentums in der Geschichte, seiner Individuen und Gemeinschaften, in harmonischer Totalität mit dem Göttlichen bedeuten. In diesem das Göttliche und Menschliche umfassenden Sinne sprechen wir von dem lebendigen Christus und nennen seine soziale Verbreiterung oder vielmehr den universalen Personenverband, der aus der gemeinsamen Anerkennung dieses lebendigen Christus entsteht, die Kirche ». G. Gundlach S.J., *Zur Soziologie der katholischen Ideenwelt und des Jesuitenordens*, Freiburg i. B. 1927, 49.

[21] Inter bona humana communia primum locum occupat religio. In ordine concreto supernaturali bonum supernaturale etiam religionem supernaturalem includit. Bonum supernaturale cultus igitur simul constituit perfectionem personalem hominis.

[22] « Die nach katholischer Lehre von Christus gestiftete Kirche ist selber gesellschaftliche Einung und weist mithin auch alles auf, was zum inneren und äusseren Aufbau und Zweck der Gesellschaft ontologisch gehört. Aber sie hat dies alles in einer neuen, gnadenhaften, übernatürlichen Weise und auf einer naturhaft dem geschaffenen Menschen nicht geschuldeten Höhe und Tiefe seiner Gottebenbildlichkeit, seines personalen Seins und Wertes mit der damit gegebenen Gesellschaftlichkeit und Geschichtlichkeit

in ihrem ganzen Gehalt des Menschtums. So bedeutet denn auch das der Kirche wie jeder Gesellschaft eigentümliche intentionale Sein eine gesellschaftliche Wirklichkeit von unerhörter Neuheit, aufgebaut auf der ebenso unerhört erweiterten Dimension der Wertintentionalität menschlicher Geistwesen, der von Christus erlösten und mit ihm in Lebenseinheit verbundenen Personen. Hebt man nun diese Kirche, die als Gesellschaft allein aus dem Gnadenwillen Gottes entstanden ist und im Seelenheil des Menschen ihre eigene Zielsetzung hat, von dem Gesamt der menschlichen Gesellschaft, also der Menschheit, ab, so berühren sich beide gesellschaftlichen Gebilde in der menschlichen Person vermöge ihrer die Gesellschaftlichkeit und Geschichtlichkeit begründenden Wertintentionalität. Aus diesem Grund ist der Kontakt beider Gebilde innerlicher Art und wie beim Kontakt im Gesellschaftsleben überhaupt ein Aufeinanderbezogensein, ein inneres Mitsein, wobei die Kirche die ihr eigentümlichen, höheren Lebenskräfte spendet. Das ist es, was man Kirche als Lebensprinzip der menschlichen Gesellschaft nennt. Das schliesst jede organizistische Missdeutung, aber auch allen religiösen Integralismus aus, denn alle Wertbereiche im inneren und äusseren Aufbau der Gesellschaft bleiben in ihrer relativen Eigengesetzlichkeit bestehen». G. Gundlach S. J., *Gesellschaft* l. c. 842.

[23] Clericus, officium clericale in hac parte intelligitur sensu generali, scilicet supponitur hic pro fidelibus, qui in Ecclesia habent potestatem a Christo Domino sacramentaliter datam, in ordine ad bonum et finem supernaturalem, quin specificetur, qualis gradus hierarchiae ordinis ad hoc requiratur.

[24] «Die kirchlichen Sendungsträger werden mit Heiligem Geist ausgerüstet. Ihre Gewalt ist daher letztlich eine göttliche, nicht nur ihrem Ursprung, sondern auch ihrem Wesen nach». M. Kaiser, *Die Einheit der Kirchengewalt nach dem Zeugnis des*

Neuen Testamentes und der Apostolischen Väter, München 1956, 138.

[25] « Ordinis potestas ad verum Christi Domini corpus in sacrosancta Eucharistia refertur ... ceteraque omnia complectitur, quae ad Eucharistiam quovis modo referri possunt ». *Catechismus SS. Conc. Tridentini ad Parochos*, Bassani 1833, cap. VII. 6 s.

[26] Potestas iurisdictionis est facultas moralis Ecclesiae drigendi activitatem fidelium ad finem supernaturalem. « Ad eam enim spectat Christianum populum gubernare et moderari, et ad aeternam caelestemque beatitudinem dirigere »; ipsa « tota in Christi corpore mystico versatur », id est refertur ad Ecclesiam, in quantum est corpus sociale. *Catech. Trident.* l. c. — Haec potestas versatur « circa hominum actus, ut necessaria habeatur, Dei auxiliante gratia, ipsorum fidelium cooperatio per rectam fidei professionem et vitae conformationem christianis moribus ... Potestas vero quae Ecclesiae competit in ordine ad gubernandos homines, idest ad dirigendos auctoritative eorum actus tum quoad fidem, tum quoad mores, dicitur potestas iurisdictionis ». ALAPH. Cardinalis OTTAVIANI, *Institutiones Iuris Publici Ecclesiastici*, vol. I. Typ. Pol. Vat. 1958[4], 178 s. — « Aus derselben Wurzel, aus der das Leben des neuen Gottesvolkes erwächst und sich ständig erneuert und am Leben erhält, wächst auch die ordnende Kraft, durch die das Wachstum in der Kirche gelenkt und geleitet wird. Diese eine Wurzel ist Jesus Christus, der tragende Grund des neuen Gottesvolkes. Er ist zugleich lebenspendendes und ordnendes Prinzip dieses Volkes ». KAISER, o. c. 41. « Die Lehrtätigkeit hat sich wie jede andere Tätigkeit der Sendungsträger eingeordnet in die allgemeine Bevollmächtigung, die sie von den Aposteln empfangen hatten und kraft deren sie die massgebende Stellung in der Gemeinde einnahmen ». Ibidem 131.

[27] Soli clerici possunt potestatem sive ordinis sive

Notae

iurisdictionis obtinere. Can. 118. In hoc contextu tantum dicimus potestatem Christi clericis traditam supponere receptionem ordinationis sacrae; ab aliis quaestionibus, quae hac ratione habentur, hic abstrahimus.

[28] Sacerdotium Christi hic intelligitur munus eius mediatoris inter Deum et homines includens etiam munus eius regis et prophetae.

[29] « At perperam omnino eiusmodi distinctionem (inter Ecclesiam caritatis et iuris) inducunt: non enim intellegunt divinum Redemptorem eadem ipsa de causa conditum ab se hominum coetum, perfectam voluisse genere suo societatem constitutam, ac iuridicis omnibus socialibusque elementis instructam, ut nempe salutiferum Redemptionis opus hisce in terris perennaret ». PIUS XII., *Litt. Enc. Mystici Corporis Christi*, Acta Apostolicae Sedis 35, 1943, 224.

[30] Vide supra notam 22.

[31] Haec fiunt potestate iurisdictionis; vide supra notam 26.

[32] Ita e. g. administratio bonorum temporalium Ecclesiae ordinatur ad vitam supernaturalem Ecclesiae, quae, inter homines, consistere nequit nisi modo humano. Hinc ad vitam Ecclesiae gerendam requiruntur etiam bona temporalia; eorumque administrationi in bonum Ecclesiae competit indoles supernaturalis ratione finis, cui inserviunt.

[33] Exercitium potestatis ordinis ordinatur potestate iurisdictionis: ius liturgicum a potestate iurisdictionis conditur. De cetero in eadem activitate saepe simul cooperantur potestas ordinis et potestas iurisdictionis, e. g. in absolutione sacramentali.

[34] Hac ratione tota vita socialis Ecclesiae potestate iurisdictionis ordinatur.

[35] Notandum autem est indolem supernaturalem non competere activitati sociali semper eodem « gradu ». Quam maxime habetur in illa activitate, quae directe exprimit, modo externo, vitam supernatura-

lem, internam Ecclesiae, uti in sacrificio eucharistico; necnon in illa activitate, quae directe efficit, ex opere operato, modo externo, vitam supernaturalem, sicuti in sacramentis. Clare talis indoles supernaturalis apparet etiam in praedicatione verbi Dei, in professione fidei, in sanctificatione dierum festorum, in exhortatione fidelium, clericorum et religiosorum, ad vitam christianam et perfectiorem, in operibus caritatis etc. Tandem ipsa administratio bonorum temporalium fini supernaturali Ecclesiae inservire debet.

[36] « Per iuridicam, ut aiunt, missionem qua Divinus Redemptor Apostolos in mundum misit, sicut ipse missus erat a Patre, ipse est, qui per Ecclesiam baptizat, docet, regit, solvit, ligat, offert, sacrificat. Ea vero altiore donatione, interna ac sublimi prorsus, quam supra attigimus, Capitis scilicet rationem describentes influendi in membra sua, Christus Dominus Ecclesiam superna sua vita vivere iubet, totum eius Corpus divina virtute sua permeat, et singula membra secundum locum, quem in Corpore occupant, eo fere modo alit ac sustentat, quo cohaerentes sibi palmites vitis nutrit facitque frugiferos.

Quodsi divinum hoc, a Christo datum, vitae virtutisque principium attente consideramus, prout ipsum fontem constituit cuiusvis doni gratiaeque creatae, facile intellegimus illud nihil aliud esse nisi Paraclitum Spiritum, qui a Patre Filioque procedit, quique peculiari modo « Spiritus Christi » seu « Spiritus Filii » dicitur... Ac postquam Christus in Cruce clarificatus est, eius Spiritus cum Ecclesia uberrima effusione communicatur, ut ipsa eiusque singula membra magis in dies magisque Servatori nostro adsimulentur ». PIUS XII., *Litt. Enc. Mystici Corporis Christi*, l. c. 218 s. « Quamvis enim iuridicae rationes, quibus Ecclesia etiam innititur atque componitur ex divina oriantur a Christo data constitutione, ad supernumque finem assequendum conferant, id tamen, quo christiana societas ad gradum evehitur, qui omnem

Notae

naturae ordinem prorsus evincit, Redemptoris nostri Spiritus est, qui ceu fons gratiarum, donorum ac charismatum omnium, perpetuo et intime Ecclesiam replet et in ea operatur». Ibidem 223.

[37] Vide supra pag. 34 s.

[38] Abstrahimus in hoc contextu a iuribus ab ipsa Ecclesia potestate propria forte constitutis.

[39] Hisce suppositis elucet nihil obstare sanationi matrimonii, quod est invalidum ratione defectus formae canonicae, si post consensum naturaliter validum et perdurantem superveniat impotentia absoluta et perpetua. Revera talis sanatio non semel a Sancta Sede concessa fuit. Confer quoad hoc studia auctoris: *De effectu consensus matrimonialis naturaliter validi*, Miscellanea in memoriam Petri Cardinalis Gasparri, Romae, Pont. Univ. Lateranensis, 1960, 133 s. *De efficacitate consensus matrimonialis naturaliter validi*, Periodica de re morali canonica liturgica, 51, 1962, 295 ss.

[40] Tali modo Ecclesia agit e. g. in constitutione legum irritantium et inhabilitantium. Quoad quaestionem, utrum — habita irritatione actus vel inhabilitate personae — actus iuridicus sit inefficax dispositione qua tali auctoritatis ecclesiasticae, quae hac potestate praedita esse debet ex fine sibi praestituto a Christo Domino, an in tali casu potius habeatur defectus structurae externae debitae iuris constituendi, vide supra notam 18. De cetero notandum est exercitium iurium illegitimum haberi etiam, si aliae leges praeceptivae vel prohibitivae violantur; attamen deficiente irritatione actus vel inhabilitatione personae actus est validus, etsi illicitus.

[41] Can. 87. Notandum est hic agi de *effectibus iuridicis* baptismatis. Hinc non negatur per baptisma constitui unionem baptizati cum Christo Domino, cuius signum est character baptismalis. Nec negatur baptisma suppositis supponendis conferre *gratiam sanctificantem*. Attamen tales quaestiones quoad *con-*

ditionem subiectivam baptizati distinguendae sunt a quaestionibus effectus baptismatis in Ecclesia societate externa et iuridica, quae referuntur potius ad *constitutionem obiectivam Ecclesiae*.

De cetero baptizati acatholici facultatem agendi supernaturaliter quoad substantiam cum baptismate receperunt, quae characteri inhaeret. Hinc, si alia sacramenta rite recipiunt, ipsa valide recipiuntur, e. g. paenitentia, unctio sancta. Causa principalis agens enim in sacramentis est Christus Dominus; minister agit causalitate instrumentali. Immo suppositis supponendis Ecclesia recognoscit effectus iuridicos actuum baptizatorum acatholicorum; ita e. g. matrimonium validum eorum est etiam sacramentum.

[42] « In Ecclesia autem membris reapse ii soli annumerandi sunt, qui regenerationis lavacrum receperunt veramque fidem profitentur, neque a Corporis compage semet ipsos misere separarunt, vel ob gravissima admissa a legitima auctoritate seiuncti sunt ». Pius XII., *Lit.. Enc. Mystici Corporis Christi*, 1. c. 202. *Membra Ecclesiae* igitur hic tantum illi baptizati habentur, qui veram fidem profitentur necnon unionem cum Ecclesia Catholica. Ea de causa ipsi infantes parentum catholicorum in fide Ecclesiae baptizantur. Si hic textus Litterarum Encyclicarum confertur cum can. 87, dici debet: Baptizati omnes sunt praediti *personalitate* ordinis supernaturalis, personalitate etiam in Ecclesia. (De cetero non possent habere officia christianorum, nisi essent personae in ordine iuridico.) Attamen ipsi, laborantes defectu professionis fidei vel communionis cum Ecclesia Catholica, *exercitium* iurium non habent; membra habentur illae personae in Ecclesia, quae exercitium iurium habent; non sufficit, (ut sint membra), quod iura secundum substantiam constituuntur, potius requiritur, ut baptizati in Ecclesia incorporentur, ut iura ex toto constituantur. (Haec iura in baptizatis acatholicis non possunt haberi inefficacia ex eo, quod

causalitas efficiens eorum ab Ecclesia irritatur; baptisma enim valide receptum semper efficit characterem baptismalem, cui substantia horum iurium inhaeret; hinc requiritur, ut ipsa iura secundum substantiam per baptisma constituta inefficacia sint ex impedita structura externa eorum per Ecclesiam. Vide supra notam 18 et 40.) De cetero quaestio de membris Ecclesiae in hoc contextu ulterius tractari nequit.

[43] Bona supernaturalia, quibus Ecclesia delinquentem privat, sunt bona supernaturalia modo humano habenda, id est, eo modo, quo sunt in potestate Ecclesiae. « Quae ab Ecclesia nullo modo communicantur aut attingi possunt, uti gratia et merita, ab ea neque possunt auferri ». VERMEERSCH, CREUSEN, *Epitome Iuris Canonici, III.*, Mechliniae 1936[5], 236. Revera non est ulla poena canonica, quae ita explicari non possit. (Abstrahimus a iuribus forte ab Ecclesia constitutis et in poenam sublatis.) Exercitium iurium itaque per poenam canonicam magis vel minus restringitur; vere pro omni specie poenarum restrictio in concreto specificatur. Si simpliciter iura auferuntur — quod habetur saltem in excommunicatione vitandi — conditio iuridica subiecti est eadem ac conditio iuridica baptizatorum acatholicorum. In quantum igitur iura auferuntur, in tantum exercitium eorum in Ecclesia non iam est incorporatum; hinc est invalidum. (Supposito quod poena validum exercitium iuris aufert, non autem tantum exercitium illicitum reddit.)

PARS SECUNDA

[1] WILLIBALD M. PLÖCHL, *Geschichte des Kirchenrechts*, Band I., Wien-München 1953, 205, 361. Band II., 1955, 264 s.

[2] Acta Ap. 20, 17. 1 Tim. 1, 3; 3, 1 ss.; 5, 22. Tit. 1, 5-9. 1 Petr. 5, 1. « Die Zeit der Apostolischen Väter

ist eine Zeit des Überganges. Dies offenbart sich am deutlichsten darin, dass in dieser Epoche die gemeinkirchlichen Wandermissionare mehr und mehr verschwinden. Sie waren zunächst an die Stelle der Apostel getreten, in deren Begleitung manche von ihnen ihre Wirksamkeit begonnen hatten. Wie Timotheus und Titus mögen auch andere bereits von einem Apostel einen örtlich begrenzten Auftrag erhalten haben». MATTHÄUS KAISER, *Die Einheit der Kirchengewalt nach dem Zeugnis des Neuen Testamentes und der Apostolischen Väter*, München 1956, 191 s.

[3] «Absolute Ordinationen, d. h. klerikale Weihen ohne Bindung an eine bestimmte geistliche Anstalt, begegnen uns von der Mitte des 4. Jahrhunderts an, und zwar im Westen ebenso wie im Osten ... Das Aufkommen und die Blüte derselben steht in innigem, freilich nicht ausschliesslichem Zusammenhang mit dem Mönchtum ... Vor dem 4. Jahrh. lassen sich absolute Ordinationen nicht nachweisen. Allein es ist die Vermutung nicht unbegründet, sie seien damals nicht erst aufgekommen, vielmehr als Überrest der ursprünglichen Missionsordnung nie ganz ausgestorben gewesen». VINZENZ FUCHS, *Der Ordinationstitel von seiner Entstehung bis auf Innozenz III.*, Bonn 1930, Kanonistische Studien und Texte, Band 4., 103 cum nota 2.

[4] «Eorum autem, qui absolute ordinantur, decrevit sancta sinodus vacuam habere manus impositionem, et nullum tale factum valere ad iniuriam ipsius, qui eum ordinavit». CONCILIUM CHALCEDONENSE, a. 451, can. 6, in: GRATIANI *Decretum*, p. I, dist. 70, c. 1 (ed. Friedberg I., 257). «Das Chalcedonense, welches einen gewissen Abschluss der kirchenrechtlichen Entwicklung im Römerreich und eine Zusammenfassung der vorausgehenden Rechtsbestimmungen darstellt, hat mit Energie die Organisation der Diözese und in Sonderheit die Unterordnung unter den Bischof sicherzustellen gesucht ... Die absolute Ordination

Notae

stand im schärfsten Widerspruch zu diesem notwendigen Gefüge der kirchlichen Ordnung... Der absolut Ordinierte war ein Fremdkörper im organischen Zellenbau der kirchlichen Ordnung». FUCHS, o. c. 123 s.
[5] PLÖCHL, o. c. II., 264 s.

[6] «Licet autem praedecessores nostri ordinationes eorum, qui sine certo titulo promoventur, in iniuriam ordinantium irritas esse voluerint et inanes, nos tamen, benignius agere cupientes tam diu per ordinatores et successores eorum provideri volumus ordinatis, donec per eos ecclesiastica beneficia consequantur». c. 16, lib. extra, de praebendis et dignitatibus, III, 5 (ed. Friedberg II., 469). — De hoc mandato de providendo Innocentii III. dicit FUCHS, o. c. 274 s.: «Innozenz' Vorgehen bereitete in Wirklichkeit die Wege für die völlige Überwindung des alten Ordinationsrechtes, für die völlige Trennung von Weihe und Anstellung, für die rechtliche Anerkennung der absoluten Ordination».

[7] Quoad evolutionem doctrinae circa hanc quaestionem medio aevo usque ad decretistas vide FUCHS, o. c. 4. Teil.

[8] «Durch die Hand von Menschen gibt Gott die Amtsgnade. Beides ist gleich bedeutsam: die von Gott geschenkte Gabe und die Vermittlung durch Menschen. Gerade diese darf nicht unterschätzt werden. Zwar ist es Gott selber, der dem Amtskandidaten die Geist- und Kraftausrüstung verleiht; aber Gott bedient sich der Vermittlung durch einen sichtbaren Vorgang, die Handauflegung.

Nicht die Handauflegung schlechthin lässt die Kraft Gottes auf den Menschen überströmen, sondern nur die Handauflegung eines dazu Bevollmächtigten. Es handelt sich dabei nicht um eine mechanische Weitergabe dessen, was er selber besitzt. Wohl wird der Amtskandidat mit derselben Befähigung ausgerüstet, die jener besitzt, der ihm die Hände auflegt, aber nicht dadurch, dass sie von diesem auf ihn überströmt, sondern weil sie ihm, durch dessen Handauflegung vermittelt, in gleicher Weise von Gott gegeben wird, wie auch er sie empfangen hat. So bleibt der kirchliche Amtsträger auch über Generationen hinweg immer in der gleichen Nähe am göttlichen Ursprung aller kirchlichen Gewalt. Dadurch bleibt die vom Herrn den Aposteln gegebene Sendung in der Kirche lebendig: im ständigen Neuvollzug dieser Sendung durch den erhöhten Herrn unter dem Zeichen der Handauflegung seiner bevollmächtigten Stellvertreter, wie auch in der Erfüllung dieser Sendung durch die einzelnen Amtsträger in der Kirche». KAISER, o. c. 116 s.

[9] «Das der Handauflegung beigefügte Gebet lässt deutlich werden, dass in ihrem Tun verborgen der Herr selber wirkt. Während die Apostel ihre Gewalt unmittelbar vom Herrn empfangen haben, wird sie den Sendungsträgern nach ihnen vom Herrn durch die Vermittlung der Apostel in der Haufauflegung gegeben. So vollzieht sich auch hier eine Christusbegegnung, wenn auch nicht eine unmittelbare, so doch im sakramentalen Zeichen.

In dieser, wenn auch mittelbaren, Übertragung der Gewalt durch den Herrn gründet ihre Unverlierbarkeit und damit die Unwiederholbarkeit des Übertragungsaktes; in der Vermittlung durch Menschenhand aber gründet ihr rechtlicher Charakter». KAISER o. c. 121 s. «Je nach seiner verschiedenen Tätigkeit übt der kirchliche Sendungsträger seine Gewalt als eine priesterliche, lehrende oder leitende. Damit ist jedoch nichts über das innere Wesen der kirchlichen Gewalt ausgesagt. Dieses ist in allen Fällen ein und dasselbe. Es lässt sich nicht von den Aufgaben her bestimmen, sondern allein von der Sendung durch den Herrn.

Die kirchliche Sendung erfolgte durch Menschen, durch die Apostel oder deren Beauftragte. Dabei handelt es sich um die Vermittlung einer Gabe Gottes. Die kirchlichen Sendungsträger werden mit Heiligem Geist ausgerüstet. Ihre Gewalt ist daher letztlich eine göttliche, nicht nur ihrem Ursprung, sondern auch ihrem Wesen nach. Darin liegt ihre wesenhafte Einheit begründet ... Die Feststellung, dass die kirchlichen Sendungsträger nicht menschliche, sondern göttliche Gewalt üben, lässt deutlich werden, dass es sich nicht um mehrere, wesentlich voneinander verschiedene Gewalten handelt, sondern dem göttlichen Wesen entsprechend um eine einzige, die in verschiedenen Funktionen tätig werden kann». KAISER, o. c. 137 s. « Wie Christus in der Sendung des Vaters steht, so stehen die Apostel und alle weiteren Sendungsträger in der Sendung des Herrn. Diese Sendung bleibt in der Kirche lebendig. Da sie den einzelnen Sendungsträgern nicht um ihrer selbst willen gegeben ist, sondern im Hinblick auf die Kirche, bezeichnen wir sie einfachhin als Kirchengewalt, die als solche rechtlichen Charakter hat und deren Eigenart darin besteht, dass Menschen in autoritativer Weise der Kirche im ganzen oder einer Teilgemeinschaft gegenüber die Stelle Jesu Christi vertreten. Der rechtliche Charakter erstreckt sich auf die Gewalt als solche in ihrer Einheit und Gesamtheit, auf das Stellvertretungsverhältnis. Jesus Christus hat das Wort und die Sakramente den Aposteln übergeben und damit in die Hand der Kirche gelegt. Beides hat die Kirche durch ihre Sendungsträger kraft der *einen* Stellvertretungsgewalt zu verwalten». KAISER, o. c. 143. Proinde potestas Christi impositione manuum, scilicet sacramentaliter, conferebatur; haec potestas *unitatem* constituit, quae continet *plures functiones*, scilicet potestates — sicuti nos hodie dicimus — ordinis et iurisdictionis. Eminebat in hac potestate sacramentaliter collata ipsum elementum regiminis sacri, id est praedicationis et gubernationis auctoritativae.

[10] « Die Bedingungen für die Rechtmässigkeit eines

Notae

Bischofs sind also 1. dass er durch Handauflegung der Bischöfe das Amtscharisma, den hl. Geist erhalte; 2. dass er in einer Einzelkirche einem Bischof ordnungsmässig im Amte folge ... Welches war die Lage eines Mannes, der die formrichtige bischöfliche Weihe, aber keine Gemeinde erhalten hatte? Die Literatur der ersten 4 Jahrhunderte gibt uns keine Andeutung, dass die Frage jemals gestellt wurde. Sicher würde man ihn nicht Bischof genannt haben, denn das Wort Bischof ist Amtsbezeichnung ... Es liegt im Begriff des Bischofs, Vorsteher einer Einzelkirche zu sein, als solcher übt er Lehr- und Disziplinargewalt ». Fuchs, o. c. 67 ss. Brevi tempore post Concilium Chalcedonense Papa Leo Magnus episcopos absolute ordinatos vocat *pseudoepiscopos*. — Specialis conditio iuridica habebatur in *ecclesia Irlandiae*, quatenus haec per saecula se evolvebat, quin communicationem haberet cum ecclesiis continentis. Habebantur in Irlandia Episcopi-Abbates, qui sub propria potestate tenebant monasteria (cum populo regionis vicinae) a proprio monasterio fundata. — Altera ex parte ita bene explicatur, quod missionarii, qui primo medio aevo ex Irlandia in continentem venerunt, favebant chorepiscopis. *Institutum chorepiscoporum* (chorepiscopi = episcopi rurales) varias ob causas se evolvebat primo in Oriente (inde a saeculo quarto), dein etiam in Occidente. Exsistentia instituti chorepiscoporum non est argumentum contra principium prohibitionis ordinationis absolutae. Chorepiscopi enim non gaudebant eadem conditione iuridica ac ipsi Episcopi; potius constituebant auxilium pro Episcopis civitatum extra civitatem. Nequidem ordinatio eorum qua episcopalis tamquam valida simpliciter semper recognita fuit, etsi nunc dicitur: « Die Chorbischöfe des Abendlandes bis zum Beginn des 10. Jahrhunderts, in einzelnen Gegenden noch viel später, waren wahre Bischöfe. Die ihren bischöflichen Charakter bestritten, deuteten um oder fälschten das

Urkundenmaterial ». THEODOR GOTTLOB, *Der abendländische Chorepiskopat*, Bonn 1928, Kanonistische Studien und Texte, Band 1., 143. Notandum tamen est, quod chorepiscopi potestati Episcopi civitatis subiiciebantur, neque poterant administrare omnia sacramenta; praesertim collatio ordinationis diaconalis et presbyteralis de se non erat ipsis concessa; multo minus regimen ad modum Episcoporum exercere valebant. Vere institutum chorepiscoporum — quatenus involvebat exsistentiam plurium episcoporum in dioecesi, quod iam a Concilio Nicaeno I. anno 325 prohibitum fuit — considerabatur tamquam obstaculum pro ordinato regimine in Ecclesia. Ob hanc rationem — ad quam aliae accedunt, de quibus hic abstrahere possumus — institutum chorepiscoporum impugnatum fuit et demum suppressum; in Oriente evanuit saeculo VIII., in Occidente praesertim saeculo VIII. et IX. florebat, deinde etiam hic suppressum fuit. Confer quoad haec: FUCHS, o. c. 130-137; 195-236. PLÖCHL, o. c. I., 53 s., 301 ss.

[11] Paucae translationes Episcoporum, de quibus notitiam habemus, e. g. S. Gregorii Nazianzeni, explicantur ex circumstantiis extraordinariis, ita ut tales exceptiones regulam non-translationis confirment. Confer FUCHS, o. c. 78-90.

[12] Confer quoad hoc textus in praecedentibus notis citatos ex operibus Kaiser et Fuchs. — Consecratio episcopalis habet indolem consecrationis subiecti, quod constituitur ad regendum: « Tribuas ei, Domine, cathedram Episcopalem, ad regendum Ecclesiam tuam, et plebem sibi commissam. Sis ei auctoritas, sis ei potestas, sis ei firmitas. » (Pontificale Romanum, De consecratione Electi in Episcopum.) In Ecclesia Orientali etiam hodie « recepta episcopali ordinatione, Episcopus episcopalem iurisdictionem ... obtinet. » (De personis physicis et moralibus, can. 396 § 2, 1. Acta Apostolicae Sedis 49, 1957, 550.) « Restat ergo dicendum, gradum episcopalem iure divino de-

signatum esse ad ordinariam potestatem regiminis,... pro quanto scilicet ius divinum iubet ut per episcopos ... gubernetur Ecclesia ». LUDOVICUS BILLOT, *De Ecclesiae Sacramentis*, tomus posterior, Romae 1929[7], 311 s. — « Diese Essenz iuris divini (des Episkopates) kann nun aber sinnvollerweise nicht nur in jenen Vollmachten allein gesucht werden, die man die episkopale potestas ordinis nennt ... Das ius divinum, das auch hinsichtlich der Essenz des Episkopats vorhanden sein muss und sicher vorhanden ist, wird also auch und gerade in der potestas iurisdictionis gesucht werden müssen ». KARL RAHNER, *Episkopat und Primat*, Freiburg-Basel-Wien 1961, 65 s.

[13] « Wenn die Sendung durch den Herrn den Auftrag umfasst, dass sie ihre Gewalt weiterzugeben haben, so ist damit nicht auch die *Art und Weise*, wie diese Weitergabe geschehen soll, im einzelnen vom Herrn bestimmt. In den neutestamentlichen Quellen ist darüber nichts ausgesagt. Es muss also unterschieden werden: Der *Auftrag*, den die Apostel vom Herrn empfangen haben, gilt für alle Zeiten; er schliesst notwendig in sich, dass die Apostel ihre Gewalt weitergeben. *Die Art und Weise dieser Weitergabe* aber wird im Auftrag selber nicht erwähnt. Es bleibt den Aposteln überlassen, eine entsprechende Form dafür auszubilden. Dass die Apostel, um diese Aufgabe zu erfüllen, nach einer Einrichtung des jüdischen Rechtslebens gegriffen haben (scilicet impositio manuum), ist nichts Besonderes. Sie sind als Angehörige des jüdischen Volkes mit den Bräuchen des rechtlich-religiösen Lebens dieses Volkes vertraut. So haben sie mit aller Selbstverständlichkeit Begriffe, Formen und Einrichtungen aus der vorchristlichen jüdischen Rechtstradition übernommen ». KAISER, o. c. 120.

[14] Potestas Christi hic intelligitur tamquam potestas eius qua *mediatoris inter Deum et homines*, sine ulteriore distinctione, num haec potestas Christo

Notae

Domino conveniat tamquam sacerdos, rex, propheta. Consequenter etiam plenitudo sacerdotii intelligitur plenitudo potestatis Ecclesiae traditae, in qua continetur etiam potestas Christi tamquam regis et prophetae.

Potestas Ecclesiae itaque est hac ratione potestas vicaria Christi; haec autem Ecclesiae tamquam *propria* datur; proinde hic non tantum intelligitur illa potestas, quae sensu technico dicitur vicaria Christi. Neque in hoc contextu agimus de quaestione, utrum potestates magisterii et regiminis sint adaequate distinctae; supponimus autem potestatem magisterii et regiminis constituere potestatem iurisdictionis Ecclesiae generice consideratam. Haec enim sententia — quae est antiquissima et etiam hodie longe communior — eo se imponit, quod doctrina Christi revelationem divinam constituit ideoque natura sua est auctoritativa, sive exigat fidem, sive exigat vitam doctrinae praedicatae conformem. Ita Ecclesia inde ab initio suam potestatem concipiebat; vide supra notam 9.

[15] Abstrahimus hic a quaestione, utrum Episcopus constituatur *directe et immediate pro ecclesia particulari*, ita ut ipse sit membrum collegii Episcoporum consequenter ad hanc constitutionem pro ecclesia particulari, an potius Episcopus directe et immediate constituatur *membrum collegii Episcoporum* obtinens consequenter regimen ecclesiae particularis, quatenus est membrum collegii Episcoporum. Hanc thesim defendit K. RAHNER S. J.: « Jesus gründet ein Kollegium. In ihm haben die einzelnen eine Gewalt, gerade insofern und nur insofern sie Glieder dieses Kollegiums sind ». o. c. 71. « Das Bischofskollegium als solches existiert als oberster Träger der Leitungsvollmacht der Gesamtkirche im voraus zum einzelnen Bischof als solchem. Dieser ist primär Glied des Gesamtepiskopats als der kollegialem Führung der Kirche, die im Papst iure divino ihre bleibende Einheit und die

Notae

Möglichkeit des dauernden konkreten Handelns hat ».
Ibidem 80 s.

[16] Vide supra partem primam, cap. 2. De cetero potestas episcopalis sacramentaliter collata, ab Ecclesia non recognita, non potest haberi inefficax ex eo, quod causalitas efficiens eius ab Ecclesia irritatur; consecratio enim episcopalis valide recepta semper efficit characterem episcopalem, cui substantia potestatis episcopalis inhaeret; hinc requiritur, ut ipsa potestas episcopalis quoad substantiam per consecrationem episcopalem collata inefficax reddatur eo, quod structura externa eius impediatur; deficiente hoc elemento essentiali potestas episcopalis ex toto constituta non est. Vide supra partem primam, notam 42.

[17] « Docemus... hanc Romani Pontificis iurisdictionis potestatem, quae vere episcopalis est, immediatam esse: erga quam cuiuscumque ritus et dignitatis pastores atque fideles, tam seorsum singuli quam simul omnes, officio hierarchicae subordinationis veraeque obedientiae obstringuntur, non solum in rebus, quae ad fidem et mores, sed etiam in iis, quae ad disciplinam et regimen Ecclesiae per totum orbem diffusae pertinent; ita ut, custodita cum Romano Pontifice tam communionis quam eiusdem fidei professionis unitate, Ecclesia Christi sit unus grex sub uno summo pastore ». *Concilium Vaticanum I., Constitutio dogmatica I. de Ecclesia Christi*, cap. 3, Denzinger - Schönmetzer 3060 (1827).

[18] « Tantum autem abest, ut haec Summi Pontificis potestas officiat ordinariae ac immediatae illi episcopalis iurisdictionis potestati, qua episcopi, qui 'positi a Spiritu Sancto' in Apostolorum locum successerunt, tanquam veri pastores assignatos sibi greges singuli singulos pascunt et regunt, ut eadem a supremo et universali pastore asseratur, roboretur ac vindicetur ». Ibidem 3061 (1828).

[19] Collata potestas regendi quoad substantiam (per consecrationem episcopalem) quoad *subiectum passi-*

vum est indeterminata. « Porro iurisdictio est essentialiter relatio inter Superiorem et subditos determinatos; sed omnis relatio supponit alterum terminum, ideoque illo non existente etiam iurisdictio non potest existere ». FR. X. WERNZ S. J., *Ius Decretalium*, Tom. II, 2, Romae 1906[2], 529.

[20] Hanc conceptionem iam Ecclesiam priorum saeculorum clare habuisse, affirmat L. HERTLING S. J., *Communio und Primat*, Miscellanea Historiae Pontificiae, vol. VII., Romae 1943, 1-48. « Die alte Kirche besteht nicht aus einer blossen Vielheit gleichgesinnter Bischöfe, einer sozusagen arithmetischen Summe, sondern diese Vielheit wird durch das feste Band der sakramental-juristischen Communio zusammengehalten. Die Communio ist es, die recht eigentlich die una sancta ecclesia ausmacht. Zentrum der Communio ist die römische Kirche mit ihrem Bischof, und da die Communio ein sakramental-juristisches Gebilde ist, so ist ihr Zentrum eine wirkliche sakrale Autorität. Wen der römische Bischof aus der Communio ausschliesst, der gehört nicht mehr zur Kirche, und wem er die Communio erteilt, der ist damit ein Glied der Kirche. Allerdings kann jeder einzelne Ortsbischof die Communio erteilen oder verweigern, aber er kann es nur dann, wenn er als Organ der Gesamtkirche auftritt, also nur dann, wenn er die Communio der Gesamtkirche besitzt und damit letztlich die des Zentrums, also die römische. Der römische Bischof braucht dagegen seine Gewalt nicht auf die Communio mit andern zurückzuführen: er ist selbst Quelle und Ursprung der ganzen Communio ». Ibidem 43 s.

[21] Vide supra notam 19.

[22] Si Concilium Vaticanum II. Episcopis respective Conferentiis Episcoporum attribuat facultates quoad ordinandam liturgiam, tali attributione iam manifestatur non agi de causa maiore natura sua.

[23] Altera sententia tenet dispensationem a votis

natura sua esse causam maiorem; hinc facultatem dispensandi a votis concessam ad normam can. 1313 esse facultatem in officio episcopali, prouti iure divino constituitur, non habitam, sed a Sancta Sede Episcopis concessam etiam quoad substantiam. (Ab hac quaestione in se in hoc contextu abstrahimus). Attamen etiam supposita sententia prima non potest dici modo generali: « Die volle Partizipation eines Bischofs an den Aufgaben und Rechten des Gesamtepiskopats ist dasjenige, was de iure zu präsumieren ist ... Es wäre also, so gesehen, iuris divini, dass dem einzelnen Bischof nur so viel an jenen Rechten, die dem Gesamtepiskopat zukommen, genommen werden dürfte, als dies durch die konkreten Umstände sich als recht und billig nachweisen lässt ». KARL RAHNER S. J., o. c. 69. Si enim causa particularis non posset generaliter Sanctae Sedi reservari (quod hic textus tamen non dicit), causa maior positiva lege haberi non posset; hoc autem logice perduceret ad conclusionem potestatem primatialem non esse immediate episcopalem in totam Ecclesiam.

[24] Hinc quoad quaestionem, utrum facultates dispensandi Episcoporum ipso iure communi concessae, e. g. facultas dispensandi ab impedimentis matrimonialibus ad normam can. 1043, 1045, constituant potestatem *ordinariam an delegationes a iure*, B. OJETTI S. J., *Commentarium in Codicem Iuris Canonici, De personis, can. 145-214*, Romae 1931, 164 ss. iure notat potestatem ordinariam illam tantum debere haberi, quae iure *constitutionali* officio est adnexa. Supposita sententia a nobis hic proposita dicendum esset: Si tales facultates dispensandi iure *divino* officio episcopali sunt adnexae, sunt ordinariae, quia officium episcopale iure divino constituitur; secus sunt delegatae a iure. Ab hac quaestione in hoc contextu possumus abstrahere. Notamus autem sententiam Ojetti saltem hoc sensu esse fundatam, quod ex facto facultatem dispensandi referri

Notae

in Codice Iuris Canonici non potest deduci hanc facultatem esse ordinariam; probandum esset talem facultatem dispensandi pertinere ad officium episcopale, prouti iure divino constituitur. Altera ex parte, si tales facultates revera iure constitutionali (divino) officio episcopali inhaereant, non excluditur absolute, quod reservantur Sanctae Sedi. (Confer notam praecedentem).

[25] Vere dispositiones canonicae ex parte Conferentiae Episcoporum pro tota aliqua regione fieri possunt efficaciter tantum, si tales dispositiones omnes Episcopos ligent. Hac ratione evolutio iuridica medio aevo est instructiva. « Die Metropoliten wurden gegen Mitte des 9. Jahrhunderts tatsächlich zu der von Bonifatius geplanten Stellung als Zwischenglieder zwischen dem Papst und den Diözesanbischöfen. Ganz wesentlich trugen dazu die Fälschungen bei, denn eines der Ziele Pseudo-Isidors war die Stärkung der päpstlichen Gewalt. Damit wurde allerdings auch die von Bonifatius schon erkannte Gefahr akut, dass die Metropoliten versuchen würden, ihre Autonomie gegenüber Rom zu übersteigern. Dem standen aber als gewichtige Gegner nicht nur der Papst, sondern auch die Diözesanbischöfe entgegen ... Die tatsächliche Entwicklung ging über die Metropoliten hinweg. Die Metropoliten hätten ein wirksames Gegenmittel in den Provinzialkonzilien gehabt, um ihre führende Stellung in der Provinz zu behaupten, aber weder sie noch die Bischöfe waren, wie Hinschius schon feststellte, geneigt, sich die für jeden Teil in dieser Einrichtung liegenden Beschränkungen gefallen zu lassen, was dazu beitrag, dass sie immer seltener berufen wurden ». PLÖCHL, o. c. I., 307 s.

[26] Confer ius orientale de personis physicis et moralibus, can. 216 et 240. Acta Apostolicae Sedis 49, 1957, 497 et 504.

[27] Hanc sententiam (de titulo historico potestatis patriarchalis) defendit W. DE VRIES S.J., *Die Entste-*

Notae

hung der Patriarchate des Ostens und ihr Verhältnis zur päpstlichen Vollgewalt, Scholastik 37, 1962, 341-369.

[28] Confer FUCHS, o. c. 51 ss.

[29] Confer can. 6. Conc. Nicaeni I. (Infra nota 31).

[30] Confer notam sequentem.

[31] Concilium Oecumenicum Nicaenum I. (325): Can. 4: «Episcopum convenit maxime quidem ab omnibus qui sunt in provincia episcopis ordinari. Si autem hoc difficile fuerit, aut propter instantem necessitatem, aut propter itineris longitudinem, tribus tamen omnimodis in id ipsum convenientibus, et absentibus quoque pari modo decernentibus, et per scripta consentientibus, nunc ordinatio celebretur. Firmitas autem eorum quae geruntur, per unamquamque provinciam metropolitano tribuatur episcopo». Can. 6: «Antiqua consuetudo servetur per Aegyptum, Libyam et Pentapolim, ita ut Alexandrinus episcopus horum omnium habeat potestatem; quia et urbis Romae episcopo parilis mos est. Similiter autem et apud Antiochiam ceterasque provincias suis privilegia serventur Ecclesiis. Illud autem generaliter clarum est, quod, si quis praeter sententiam metropolitani fuerit factus episcopus, hunc magna synodus definivit episcopum esse non oportere. Sin autem communi cunctorum decreto rationabili et secundum ecclesiasticam regulam comprobato duo aut tres propter contentiones proprias contradicant, obtineat sententia plurimorum». CONRADUS KIRCH, *Enchiridion Fontium Historiae Ecclesiasticae Antiquae*, Friburgi Brisgoviae, 1923[4], 240 ss.

[32] PLÖCHL, o. c. I., 173 ss.

[33] Res saltem aliqua ratione formali illustrari potest *impositione formae canonicae* pro celebratione matrimonii demum a celeberrimo capite «Tametsi» Concilii Tridentini. Inde non sequitur ius Ecclesiae exigendi formam canonicam matrimonii antea non fuisse. Deficiente dispositione canonica, quae formam

canonicam exigit, consensus mutuus rite positus matrimonium constituit secundum substantiam et exsistentiam, quam structura externa naturaliter sequitur, quia ad exercendum constituuntur iura matrimonialia. Stante autem dispositione canonica, quae formam canonicam exigit, matrimonium tali forma carens, etsi consensus constituit iura matrimonialia secundum substantiam et exsistentiam, caret illa structura debita, quae in Ecclesia iure exigitur; deficiente hac structura matrimonio deficit elementum essentiale, ita ut sit iuridice inefficax et consequenter simpliciter invalidum. Iure igitur dicitur: « Quamvis igitur omnis potestas ecclesiastica a Deo promaneat, nihilominus Petrum semper supponit qui fundamentum aedificii, claviger regni ac pastor constitutus est universi gregis ». C. MOLARI, *Adnotationes de natura potestatis hierarchicae Ecclesiae*, Divinitas 6, 1962, 569.

[34] Sine dubio hac ratione momentum habet etiam quaestio, utrum distinctio inter sacerdotium primi ordinis (episcopatus) et secundi ordinis (presbyteratus) sit iuris divini an iuris ecclesiastici. De cetero ad explicandam potestatem sacerdotis confirmandi et ordinandi — quae in certis casibus ipso iure habetur vel a Romano Pontifice concedi potest (forte etiam pro ordinibus sacramentalibus) — etiam proponitur sententia ad conferendum sacramenta requiri, ut recipiens sit subiectus ministro; hoc sensu pro administratione sacramentorum requiri iurisdictionem. Hanc Episcopis omnibus nunc iure vigente quoad validam administrationem collatam esse pro omnibus sacramentis, sacerdotes autem ipsam obtinere posse pro sacramento ordinis et confirmationis a Romano Pontifice. Vere haec sententia eatenus in praxi Ecclesiae primis saeculis confirmationem habet, quatenus potestas Ecclesiae tamquam unitas considerabatur, exsecutio autem potestatis non habebatur valida, nisi ordinatio pro determinata ecclesia collata

Notae

fuerit, id est nisi coordinatio ordinati haberetur cum exercitio potestatis aliorum clericorum in Ecclesia. Vere ita Romanus Pontifex validam exsecutionem potestatis etiam ordinis afficere posset auferendo iurisdictionem (sicuti hoc vere habetur in sacramento paenitentiae). Confer quoad has quaestiones: H. LENNERZ S. J., *De sacramento ordinis*, Romae 1947, 83 ss., 144 ss.

[35] Vide supra Praenotanda historica.
[36] Vide supra Praenotanda historica.
[37] PIUS XII., *Constitutio Apostolica* « *Vacantis Apostolicae Sedis* », Acta Apostolicae Sedis, 38, 1946, 97.
[38] Ibidem 98.
[39] Vide supra notam 11.
[40] « Eine Weihe des ordnungsmässig zum Papst Gewählten zum Bischof von Rom war nur solange notwendig, als es Gesetz und Brauch war, nur einen Nichtbischof, also einen Diakon oder Presbyter oder ausnahmsweise einen Laien zu dieser Würde zu erheben. Wer Bischof war, sollte mit seiner Diözese wie in einer eheähnlichen Verbindung für immer verbunden bleiben, nicht auf ein anderes Bistum transferiert werden. Die römische Synode von 769 erneuerte dieses alte Verbot: Oportebat, ut in apostolatus culmen unus de cardinalibus presbiteris aut diaconibus consecraretur. Entsprechend heisst es in Ordo Romanus IX n. 5 (800-850): eligitur aut presbiter aut diaconus: nam episcopus esse non poterit... Das Wahldekret von 1059 § 3 hat das Wahlhindernis des Besitzes der Bischofsweihe aufgehoben, indem es die Wahl ex alia ecclesia gestattete, nachdem Bischof Suidger von Bamberg als Clemens II (1046), Leo IX als Bischof von Toul (1049), Viktor II als Bischof von Eichstätt (1055), Nikolaus II als Bischof von Siena (1058) zur päpstlichen Würde berufen worden waren ». Additur in nota 1 (ex: Annales Fuldenses ad annum 882): « Johannes pontifex Romanus decessit; in cuius locum Marinus antea episcopus contra

Notae

statuta canonum subrogatus est ». EDUARD EICHMANN, *Weihe und Krönung des Papstes im Mittelalter*, München 1951, Münchener Theologische Studien, 1. Band, 3 s.

[41] « Der Gewählte heisst in den Quellen 'electus', im Gegensatz zum fertigen, geweihten episcopus oder pontifex; er ist der von Gott durch die Stimme der Wähler Erkorene ». Ibidem 5.

[42] « Antiquis temporibus, donec electus consecratus fuisset, rerum gerendarum potestas penes eos manere solebat, qui, Sede vacante, Ecclesiam administrabant, seu penes archipresbyterum, archidiaconum et primicerium notariorum. Hac de re quamplura exstant historica documenta ». FELIX M. CAPPELLO, *De Curia Romana. Vol. II. De Curia Romana Sede Vacante*, Romae 1912, 551.

[43] Hinc explicatur, quod CLEMENS V. (cap. 4, extravag. comm., de sententia excommunicationis, V, 10 (ed. Friedberg II., 1312) excommunicationem tulit in illos, qui acta Summi Pontificis ante coronationem posita impugnant. Haec excommunicatio etiam iure vigente sustinetur. (PIUS XII., *Constitutio Apostolica « Vacantis Apostolicae Sedis »*, l. c. 97). De se coronatio Summi Pontificis nihil confert potestatis spiritualis. Attamen quod non-coronatio praetextum constituebat non admittendi actus regiminis Summi Pontificis mere electi, bene explicatur ex antiqua traditione, secundum quam Summus Pontifex non habitis omnibus elementis, quae eius creationem constituebant, regimen exercere non solebat. Ea de causa tali norma poenali effertur creatio Summi Pontificis inde ab electione et acceptatione tamquam caput Ecclesiae per ipsum Deum.

[44] « In supremo pontificatu, ipsomet iure divino, adimpleta conditione legitimae electionis eiusdemque acceptationis », subiectum constituitur; « in reliquis gradibus iurisdictionis, canonica missione » (can. 109). Itaque in promotione ad summum pontificatum eius,

qui iam consecratus est Episcopus — sicuti hoc hodie generatim fit — bene apparet structura potestatis primatialis, quatenus potestas episcopalis iam collata quoad substantiam electione eiusque acceptatione fit efficax quoad totam Ecclesiam.